KIDS こころの救急箱 ✚

気づけば大人も育ってる

まえがき

「呼ばれたらどこにでも行く」をモットーに、勢いに任せていろいろな支援の場に出かけてきました。保育園、幼稚園、小学校、中学校、高校、大学（教鞭を取る職場でもありますが…）、特別支援学校、病院、入所・通所などのさまざまな施設、民間的なサークルや親の会…。意欲的というか楽観的に引き受けて、その場になれば「まぁなんとかなるさ」と務めてきました。「やりながら考える」という学生時代の恩師の教えを「その時になって考えれば良い」と都合よく曲解し、その場その時は全力を注いできたつもりです。これらの仕事は大きく括ってしまえば「人を育てる」ということ、相手が子どもだったら「子育て」ということになります。

お会いする人は障害や病気、悩みや困難な事情などをお持ちだったり、その保護者がほとんどですが、あまりその種類は気にはしていません。もちろんある程度の知識は持っているつもりですが、どんな事情をお持ちでも私がお相手するのは一人の人間であることには変わりないからです。

　そもそも私の仕事は障害や病気を治す(なくす)ことではなく、その人の生活が今よりいくらかでも過ごしやすくなるための微力な手伝いだと開き直っている部分もあります。第一「子育て」は大昔から誰しもやってきたことであり、親という直接的な役割でなくとも、社会の中では誰もが「子育て」に参加していることになります。極端にいえば税金を納めることも、交通ルールを守ることもどこかで「子育て」につながっています。

　子育てというのは、専門家やプロもいますが、大部分は一般の人がやっている日常的な生活の営みということです。仰々しいものと考えるとかえって難しいことになってしまい、日常の営みから乖離してしまいます。あくまで日常の営みを支援しようと考えてきましたから、それなりにやってこられたのだと思います。もちろん個々にはもっと良いやり方があったに違いないと振り返ることもしばしばありますが…。

　本書は静岡新聞社が月1回発行している別刷り特集号「アステン」に「KIDSこころの救急箱」というタイトルで書きためたコラムが中心になっています。もちろん専門書として書いた文書ではありませんし、保護者向けの育児書や保育者のテキストでもないつもりです。

強いていえばどれにでもあてはまる部分をもった中途半端な本ということになります。

　子育てという誰もが参加することをテーマにした本ですから、特定の読者を想定しないで誰でも読める本を書きたいと考えて仕上げたつもりです。ただ各コラムの「ここがポイント!!」はそれぞれ素晴らしい解説者にお願いしました。保育士、保健師、施設職員、カウンセラー、大学教員、教員、保護者と多彩な顔ぶれの方々が文章をお寄せくださいました。おかげさまで本書が本当の意味で厚みを持つことができました。この場を借りて心より感謝の意を申し上げます。

　最後になりましたがコラムの執筆および本書の出版にあたりましてご相談にのってくださいましたアステン編集スタッフの秋山博子さん、静岡新聞社の金原朋子さん、村松響子さん、森太眞子さんに厚くお礼申し上げます。

目　次

まえがき　　1

Ⅰ　はじめに　　6

1　当たり前のこととしての子育て支援

2　なぜ子育て支援が必要なのか
　「核」家族が「隔」家族になっている
　子育てが集団での営みから個人での営みへ
　子育てサポーターがご近所さんや親戚縁者から関係機関のスタッフへ

3　子育て支援の考え方
　子どもを支援する
　親を支援する
　親子関係を支援する

4　子育て支援のバックボーンにあること
　障害のある子どもとその子どもを育てる親から学んだこと
　カウンセリングしながら学んだこと
　発達についての心理学から学んだこと

Ⅱ KIDSこころの救急箱・ここがポイント　17

1　親と子の関係について　18
Lesson 1 親子はお互いに育っていく　Lesson 2 子育て不安の正体
Lesson 3「いたずら」にも意味がある　Lesson 4「おしゃべり」する関係
Lesson 5 くっつきたい子　Lesson 6 子どもの成長がもたらす周りの変化

2　子どもの育ちを理解する　30
Lesson 7「真似る」は学びのはじまり　Lesson 8「指差し」は魔法の力
Lesson 9「凸凹(でこぼこ)」を大切に　Lesson 10「ストレス」の手当て
Lesson 11「苦手」がいっぱい？　Lesson 12 子どもサイズの「モノサシ」
Lesson 13「表現」するチカラ　Lesson 14 3.11と子どもたち
Lesson 15 4月を乗り切る　Lesson 16「通うこと」は当たり前なの？
Lesson 17 感情のレパートリー　Lesson 18 ストレスと付き合う
Lesson 19 子どもの心は自然と独立していく

3　子育てのコツ　56
Lesson 20「生活リズム」が育てるもの　Lesson 21 普通の時に「褒める」作戦
Lesson 22「待ち時間」という難関　Lesson 23「目」情報と「耳」情報
Lesson 24 学びはワタシ式　Lesson 25 ゲームとの付き合い方
Lesson 26「言葉」にならない「ことば」　Lesson 27 ほどよく情動を整える
Lesson 28 難しくも楽しい遊び　Lesson 29 ひとり立ちを支える
Lesson 30 子どもの権利

Ⅰ　はじめに

1. 当たり前のこととしての子育て支援

　ひと口に「子育て支援」といってもそこにはさまざまな内容が含まれています。子育ての悩みや不安に対して相談を行うこと、育児サークルや遊びの会などを開設したり紹介したりすること、育児にまつわる勉強会、講座を開催すること、保育園を運営することや子どもが遊べる公園を整備することも含まれるでしょう。そのほかにも、医療機関の整備や経済的な援助など挙げていくときりがありません。こうやって挙げていくことで気付くことは子育て支援とはずいぶん前からあるもので、私たちの身の回りにたくさんあることだということです。

　なぜか「支援」というコトバを聞くと、支援を提供する側と支援を受ける側がいて、提供する側が強者で受ける側が弱者という印象を持つ人もいるかもしれませんが、そんな単純に二分できるような関係ではないのです。子育てという営みは、大げさにいえば人類誕生から脈々と続くかけがえのない営みであり、その支援というのは何かをする側・される側といった単なる役割ではなく、あるいは特定の何かのサービスを指すものでもなく、人が生活していく上でそこかしこに当たり前にあることなのです。私たちは多かれ少なかれ誰もがその一翼を担っていますし、同時に多くの支援を受けているのだということです。あまり堅苦しくなく子育てとその支援について考えてみたいと思います。

2. なぜ子育て支援が必要なのか

　冒頭に、子育て支援はいろいろな内容を含んでいて、特定の何かを指すわけではないと述べました。しかしながら昨今、いたるところで「子育て支援」をキーワードにその充実を求める声が挙がっていることも事実です。これらの声をもう少し詳しく聴いてみると「子育てを地域社会全体で行おう」「親を孤立させない」「父親は育児に参加しよう」といった趣旨のことが多いようです。子育てを母親だけの役目としないで、父親はもちろん、地域社会みんなで取り組みましょうと訴えています。では、なぜこのような声が挙がるのでしょうか。

「核」家族が「隔」家族になっている

　家族の核家族化が進んでいることはよく知られている通りです。最近ではわざわざ二世帯住宅という言い方をするぐらいですから、同居する三世代家族が珍しくなってきているのでしょう。
　核家族化とは、家族構成メンバーが親子だけになることを意味するのですが、同時に親が実家から離れるということを意味します。つまり実家との距離が遠くなる、場合によっては生まれ育った地域を離れるということです。実家の敷地内に家を建てるという話もまれにありますが、多くの場合は馴染みの少ない地域に新たな生活拠点を設けることになります。

新しい地域で周囲の人と関係を作っていくことは、容易なことではありません。核家族が周りとの関係を持たず、孤立している「隔」家族になっているかもしれません。核家族を周りから隔てさせないことが子育て支援が必要とされる理由の一つだと考えます。

子育てが集団での営みから個人での営みへ

　おそらく以前に比べると、ある家族を取り囲む祖父母を含む親戚縁者や近所の顔見知りの人数は減っているのではないでしょうか。結婚や就職、転勤で転居することがありますし、自分の家族は動かなくても家族や隣近所の方が動くこともあります。兄弟・姉妹数だって少なくなっています。昔は、ある親子の周りに、一緒に子育てをしてくれる協力メンバーがたくさんいたことになります。つまり一人の子どもを集団で育てる仕組みになっていました。
　祖父母と過ごしたり、近所のおじさんに可愛がられたり、叱られたりした経験を持っている人も少なくないでしょう。ところが現在は、一人の子どもを少ない人数で育てる仕組みに変わってきています。子育てが個人の営みとなっているようです。子どもにとってはなんだか息苦しい感じがしますし、親にとっては代わりのいないプレッシャーを感じます。これも子育て支援の必要性の一つだと考えます。

子育てサポーターがご近所さんや親戚縁者から関係機関のスタッフへ

　現在、子育てが核家族内の少ない人数での営みになっています。親子の結びつきが深くて結構なことだと思われる方もいらっしゃるかもしれませんが、果たしてそうでしょうか。確かに親子関係は、あらゆる人間関係の中でもっとも重要な関係であり、その後の対人関係の基本となるといわれますが、だからこそ難しくもあり危うくもあるのです。

　子育てを親子の関係だけでなく、多くの人が加わって関係を多様にしておくことの意味があると思います。メンバーが多くなると、それぞれの人同士を線で結んでいくと、ちょうど網の目のような模様になります。少ない網の目で支えていると、どこかの線が切れたときに支えが効かなくなるリスクがあります。それに特定の箇所に負担が集中しやすく、疲弊します。多くの人数で子どもの育ちを支えることがセーフティーネットになるのです。

　ところがこれまで述べてきたように家族の周りでは、従来存在していたような祖父母や親戚縁者、隣近所の知り合いといった人たちが減ってきています。そこでその代わりとして、保育園や子育て支援センターなどの行政サービス、子育てサークルやNPOによる種々の活動など、新たな網の目が用意されつつあります。これも子育て支援というコトバが普及してきた背景なのだと考えられます。

3. 子育て支援の考え方

　子育て支援は誰に対して行うものでしょうか。私は三つの対象があると考えています。一つは子ども、もう一つは親、そして三つ目は親子の関係です。

子どもを支援する

　子どもは目覚ましい勢いで成長し、発達していく存在です。周りの世界や人と関わりながら今を生き、将来の可能性を広げていきます。子どもへの支援は「今」と「将来」に向けられたものといえます。

　「今」は安心で安全な生活を送れているかどうかです。豊かな経験や発見、学びは、安全で安心した生活の上でしか成り立ちません。心理学者のA.マズローは「欲求5段階説」を提唱し、人間の心のエネルギーである欲求は、下位の層から＜生理的欲求＞＜安全の欲求＞＜社会的欲求＞＜承認の欲求＞＜自己実現の欲求＞の順に成り立つと述べています。生活環境が整うこと、そのことに満足感を抱いていることが、子どもへの優先されるべき支援だと考えています。そして、このような生活に加えて、将来に向けた可能性を持てるように支援していきます。それは適切な環境を用意し、豊かな体験をしてもらうことです。

　年齢に見合った集団や環境は子どもたちの発達を促し、そこでのさまざまな体験は発達を後押ししてくれます。ここでいう適切さとは程

良いという意味だと考えています。「ほどほど」「それなり」「まあまあ」と言い換えてもいいと思っています。環境が程良ければ、子どもたちは自ら柔軟にそこに適応し、自分たちの伸びる力を発揮します。適切な環境を用意することが子ども支援の大事な視点です。

親を支援する

　人は生まれたときから男か女であり、誰かの子どもであって、年を重ねると大人となりますが、親というものに自然になることはありません。子を生んで、もしくは子をもらい受けて初めて親になることができます。つまり自分の意志や行為をもって親になるのです。親になるということは、誰かに強制的になされることではなく、自発的な選択的行為ということです。その意味ではやはり責任が伴うことになります。

　また親になるというときに、そこには二つの意味を含みます。一つは生物的、あるいは制度的な意味で親になるということです。男女で子どもを授かり生むことで、あるいは養子を得たりすることで親になります。もう一つは心理的な意味で親になるということです。母親(的)役割や父親(的)役割といった言われ方もありますが、このような親らしさというのは子ができた瞬間から持ち合わせているわけではなく、子どもとの生活の中で身につけていくものだと考えられています。子どもも発達していくように親も成長していきます。親への支援というのは、心理的な意味での親としての育ちを支えることだと考えます。

親子関係を支援する

　人間の赤ん坊というのは「生理的早産」と言われるように、他の動物に比べて未熟な状態で生まれてきます。特に運動面が未熟で、寝返りすることも、移動することもできません。同じ哺乳類の馬や牛は生まれて間もなく立ち上がり、自ら母乳を飲もうとします。人間の赤ん坊というのは、授乳や安全確保といった保護を受けることを前提として生まれてきます。つまり生きていくためには親子関係に依存しているのです。近しい距離間の中で養育する・される関係がそこにあります。

　一方で赤ん坊は、その愛らしい容貌や声や表情で大人を惹きつけます。赤ん坊を見ていると思わず話しかけたくなったり、抱き上げたくなったりします。何とも幸せな心地にしてくれます。何かを与えているのは大人の側だけではないのです。

　この後、赤ん坊の発達にともない次第に二人の物理的な距離は広がっていきます。お座りができれば対面するようになり、ハイハイができれば追いかけたり追いかけられたり、歩くころには広い空間で生活することになります。このような広がりとともに、指差しができるようになったり、物のやりとりをしたりと手の使い方が上手になってきます。またいろいろな声を出すようになり、要求したり、声かけしたりしながら、言葉につながっていきます。二人の関係が、部屋にそれぞれ一人だったり、二人で一緒に遊んだり、抱っこでべったりくっついて眠ったりと自在に変化します。保育園や幼稚園に通い出す頃には、それぞれ

に共有しない空間や時間を持つことになります。それぞれの体験をお話しして共有したり、お互いを心の内で感じたりする関係に変わっていきます。

　このように見ていくと親子の関係がずいぶんと展開していくことが分かります。そしてこのような展開は将来に向けて必要なことなのだと思います。少しずつ変わっていく親子の関係づくりに伴走し、その時々に必要な展開が生じるようお手伝いすることも子育て支援の一つなのです。

4. 子育て支援のバックボーンにあること

　私は最初から子育て支援をやろうと思って、研修や経験を積んだりしてきたわけではありません。それまでは主には三つのことを勉強してきました。一つは障害のある方とその家族への援助について、二つ目はいわゆるカウンセリングと言われることについて、三つ目は子どもの発達に関する心理学についてです。これらが今の自分の仕事のバックボーンになっていると考えています。それぞれから学んだことを少し紹介します。

障害のある子どもとその子どもを育てる親から学んだこと

　障害のある子どもたちというのは、別の言い方をするとゆっくり発

達する子どもたちです。もちろんいろいろな種類の障害があるわけですから、それぞれに特徴などは異なりますが、共通して障害のない子どもに比べるとゆっくりとした変化をしています。

　例えば、一人でお座りができるようになるときに、身体のどこをどんな風に動かせるようになるのか、どんな組み合わせなのか、座ったときにその子どもとその周囲にどんな変化がもたらされるのかを見せてくれます。言葉が使えるようになることや、模倣ができることなどでも同じようにさまざまなことを見せてくれます。これらの変化をじっくり見ていると、人の発達というのはいくつかの小さな兆候やきっかけなどが複雑に絡み合い、本人と周囲に変化をもたらしていることを教えてくれます。障害のある子どもたちとの付き合いを通して、成長発達の様相について学んできました。

　そして親たちからも多くのことを学びました。一言でいえば「親心のしなやかさ」です。親心には期待や喜びといったポジティブなこともあれば、悲しみや不安といったネガティブなこともあります。その一つ一つの気持ちや願いにも心動かされることがあるのですが、同時にいくつもの気持ちを併せ持ちながら、毎日の現実の生活を送る親の姿にこそ大いに心を動かされた気がします。

　人の心の内はそう簡単にすっきりするものではありません。次から次にいろいろな思いが湧き上がり、心揺さぶられますが、そんな中でも日々生活していくのです。大小さまざまな喜びや充実感を糧にしながら、「何とかやっていく」ことが子育てなのだと学んだ気がします。

カウンセリングしながら学んだこと

　カウンセリングでは、いろいろな悩みや生きづらさ、困難を抱えている人々と会話をしながら、一緒に悩んだり、相手の境遇に思いを馳せたり、解決策を考えたりします。当たり前ですが、一人一人の語ることは違います。子育て支援でいえば、子育てということは共通したテーマなのに、そこにまつわるストーリーや感想、考えはそれぞれです。そして、そのどれもがまぎれもない事実なのです。

　客観的事実と心理的事実という言い方をしますが、客観的事実とは誰が見ても同じに見えることを指します。例えば口ゲンカでいえば、誰がどういうセリフを言ったかは客観的事実です。一方、その時に個々人の心に生じた感じは心理的な事実です。相手が憎いと感じたり、自分を責めたり、怒りを溜め込んだりというのはその人だけの事実です。

　カウンセリングでは、このような心理的事実に耳を傾け、尊重します。まれに例外はあるにせよ、「それ思い込みですね」「あなたの誤解ですね」「たいしたことではない」とこちらから事実や意味づけの修正を働きかけることはありません。修正したり、意味づけを変えたりするのはあくまで本人です。多くの場合、人々を悩ませているのは客観的事実より心理的事実なのです。

　私の役割は、それぞれが自分で書き上げてきた心理的事実のストーリーを一緒に読みながら、「今ここ」から始まる少しだけ都合の良い(生きやすい)ストーリーを書いていかれるのを手伝っているのだと思い

ます。自分の仕事の許される範囲を学んだと思います。

発達についての心理学から学んだこと

　子どもの発達を支援する時に参考にしているのが発達心理学などの分野で蓄積されてきた知見です。例えばことばの発達はいつぐらいにどんなことができるかといった目安があると、子どもの発達状況を把握するときに便利です。また発達する順序のようなことが分かっていると、近い発達の様子が想像できます。

　発達心理学などの分野では、これらのことがかなり解明されてきているので、勉強しておくことは必須だと思ってきました。やみくもな子どもの育ちの理解ではなく、ある程度は進行表や地図があったほうが子育ての旅も分かりやすいだろうと思います。

　一方で、発達について勉強しながら子どもたちに向き合ってみると、一人一人の進み具合は一様ではないことに気付かされます。発達の目安の時期や順序がぴったりと教科書通りになる子どもはほとんどいないといっても過言ではありません。考えてみれば、発達心理学で示されている目安や順序は、大人数の平均値や最多数の結果から導き出されたものです。一人一人顔のつくりが少しずつ違うように、発達の仕方も少しずつ違うようです。基準となる目安や順序を学びながら、同時に一人として同じでない存在の子どもに向かっているということに気付かされました。

KIDS
こころの
救急箱 ✚
気づけば大人も育ってる

Lesson 1

親と子の関係について

親子はお互いに育っていく

　これから子どものこころとからだの成長発達についてお話ししていきます。第1回は親と子の関係について触れてみたいと思います。

　よく学生への授業でこんな話をします。「うちの親は口うるさい、干渉しすぎると思っていませんか?」と問いかけますと、多くの学生はうなずきます。きっと多かれ少なかれ、親への不満を抱いているのだと思われます。そこですかさず付け加えます。「それでは口うるさい干渉という親の行動は、誰によって引き出されたのでしょうか?」。今度は多くの学生が黙り込みます。そこでの解説は「親も元はただの一人の人間。あなたという子どもを授かって初めて親になったのです。あなたという存在が、あなたの親を親らしくしてきたんですよ」となります。

　昔から子どもを見れば親が分かるなどと言われます。実際のところは定かではありませんが、育て方は子どもに少なからず影響を及ぼしているでしょう。とすると反対に、子どもの性格や行動といった特徴が、親に影響を与えるという図式も成り立つはずです。最初から親らしい親なんかいません。子どもも親も一緒に育っていく存在なのだ、と考えてみてはいかがでしょうか。

ここがポイント!!

　初めて子どもを授かって、一瞬にして誰もが立派な親に変身できるわけではありません。生まれて初めての経験ですから、身近な先輩たちやさまざまな情報源からヒントをもらわなくては分からないことだらけです。簡単にいかないのは、どんな親になって、どんな風に子どもと関わるのかという親の個性を発揮する部分です。頑固だけど強くて頼りがいのある父親になりたいのか、子どもと一緒に楽しみながら何でも話せる親子でありたいと願うのか、唯一の答えがあるわけではないからこそ大いに迷い、不安を抱くことにもつながるのです。

　親の個性は、それまでの人生で見聞きした親子にまつわるすべての情報が一つの指針になるのではないでしょうか。幼少時に親からどんな言葉をかけられ育ってきたか、子どもなりの目線で親の存在を感じ取り、見聞きし、心の記憶として蓄えてきているはずです。それはすべての人の心の奥の引き出しに収められている＜子育て虎の巻＞でもあり、いざという時に紐解かれ発動する仕掛けになっているようです。

　「子どもを叱った時に思わず口から出た言葉が、子ども時代に何度も耳にした親の口癖だった」ということも起こりえます。かつて子どもの立場で親から受け取ったものを、今度は親の立場でわが子に受け渡してゆくのです。

　「子どもの頃に味わった痛みや悲しみをわが子には味わせまい」と日々奮闘し挑戦している親の愛と勇気に敬意を表しつつ、最大限のエールを送り続けたいと思います。それぞれの家に秘伝の＜子育て虎の巻＞が世代を超えてより豊かなものにバージョンアップされ、新しい次の世代へと受け継がれてゆくことを切に願っています。

（伊藤　千裕）

Lesson 2

子育て不安の正体

　私たちは子育てを通して、さまざまな出会いを体験します。一つには、日々違った姿を見せてくれる子どもとの出会いでしょう。子どもの成長は本当にめまぐるしく、親はそんな子どもへの対応を次々にバージョンアップしながら求められるのですから、子育てとは大変な仕事です。

　さて、出会いは子どもだけではありません。それは子育てをしている自分です。温和な性格だと自他ともに認められてきたのに、わが子を前にすると怒りっぽくなってしまう…。過去の自分からは想像できない意外な一面を発見してビックリすることがしばしばです。また思い描いていた理想とのギャップにも出合います。子どもの自主性を大事にしようと決めていたのに、現実の自分は先回りして細かく口出ししている…。

　子育て不安とは、そういう新しい自分を受け入れにくいということではないでしょうか。分かっているはずの自分のことだからこそ、誰にとっても大きな戸惑いとなるのです。子育てをする中で、そういう気持ちを分かってくれる人が近くにいること、そして抱え込まずに話をすることはとても大事なことです。不安を感じるのは当たり前。あなたの横にいる人に、何でも話していいのです。

ここがポイント!!

　子育てをしていると、わが子の姿に喜んだり、悩んだりするものです。成長を実感した時には、誰かに伝えて一緒に喜んでもらえるとうれしさも2倍になります。心配や困ったこと、不安も誰かに聞いてもらうことをお勧めします。話すことで自分の考えが整理できたり、違った視点から情報を得ることができるからです。

　子どもが一年生になった時、「親も一緒に一年生ですよ」とおっしゃる先生もいます。保育・教育の専門家であっても、「夜泣きがひどくてまいってしまう」「朝の支度に時間がかかってイライラする」といった悩みや愚痴を同僚に聞いてもらうこともあります。魔法のような解決法はありませんが、誰かに共感してもらうだけでホッとします。「夜鳴きはずっと続くわけではなくて、外遊びをするようになると減ってくるわよ」とアドバイスされ、見通しがついたりします。

　以前、子育て講演会の講師をお願いした小児精神科医の先生が「子育ては、地図のない森に迷い込んだようなもの」と話されました。一人一人発達の速度や姿は違います。家庭で価値観も違います。子育ての森をさまよう時、茂みに入り込んで身動きがとれなくなったり、木漏れ日が射して喜んだり…。泣いたり笑ったりしながら、子どもの成長と一緒に、親も親らしくなっていくのではないでしょうか。

　自分一人で抱え込んでしまわずに、気軽に相談してみましょう。子育て支援センターや市町の相談窓口、保健センター、職場の先輩やママ友、おじいちゃんやおばあちゃん。同じように悩んだ経験を持つ方は、こんな風にやってみたら上手くいったという方法を提案してくれるかもしれません。

（池谷　いづみ）

Lesson 3

「いたずら」にも意味がある

　「這えば立て、立てば歩めの親心」と昔から言いますが、ちょうど赤ん坊がハイハイして移動を始めると、親も「ダメ！」という禁止のことばを使い始めるという報告があります。家の中にも段差や危ないものなどがあって、思わず口にしてしまうのでしょう。

　子どもは2歳くらいになると、周りの世界の理解がぐっと進みます。コップの使い方、ドアの開け方などを身につけますが、靴を履こうとしたりボタンを留めようとしても、まだまだ手先の力が追いつきません。自分でできなくて怒ったり、親が手伝っても怒ったりと、何とも厄介です。しかし、これは自立へのチャレンジ。自立心という大事な心のエネルギーが育つ時期だと考えられます。

　さらに1〜2年すると他人の気持ちが少しずつ読み取れるようになってきます。「こうするとママが喜ぶ」「これはパパが好きなもの」といった具合です。このころに見られるのが〈からかい〉や〈いたずら〉です。隠す、落とす、汚す…。いろんなことをしでかして親の反応を見ています。そうして自分の読み取り力を鍛えているのかもしれません。

　子どもの成長に伴って、親の育児もバージョンアップが求められるのですね。困ったり、戸惑ったりしながらも、「これは何か成長の証しかも？」と少しだけ見方を変える心の余裕が欲しいものです。

ここがポイント!!

　赤ちゃんがハイハイを始めるころから、子どもの探索活動は始まります。周囲を見渡し、音に耳を傾け、動いてみては物を手に取り、時には口に入れてその感触を味わったり、感じたり…。まさに五感をフル活用して、自分を取り巻く世界を感じているその愛らしい姿に目を細めていたのも束の間、大人の「ダメ!」の言葉が連発されます。

　最近の子どもたちを見ていると、五感を使う体験がとても少ないように感じます。見ているようで見ていない、聞いているようで聞いていない、それだけでなく匂い、手触り、味わいといった感覚を自分のものとして表現したり、言葉にすることがなかなかできないのです。

　そんな子どもたちに「人は感じる道具をたくさん持っているんだよ」とメッセージを伝え、目、耳、鼻、手、舌で感じる体験を生活の中で重ねてもらいます。さらに「感じたことを言葉にする」という保育を心がけています。言葉にすることが目的ではなく、言葉にしようとする体験が心の中にあふれ、さらに「感じる」につながっていくと思うからです。言語表現が苦手な子がいても、友達が「おいしいね」「あったかいね」「気持ちいいね」と言ってくれることで一緒に感じる体験ができる、感じる世界が広がりを見せるのです。

　そう考えると「いたずら」が始まって、全身を使っての好奇心や探究心が芽生えた時期を、大事なこととして受け止めてあげたいと思います。とはいえいたずらはいたずらですから「ダメ!」を言わなくてはならない現実はあります。それでも私は子どもの「いたずら」のかわいらしさや面白さ、一生懸命さに惹きつけられてしまう大人であり続けたいと願うのです。

（山根　洋）

Lesson 4

「おしゃべり」する関係

　人と人はパズルのピース同士のようにお互いの存在があってこその関係です。目が合うことはお互いに「見る―見られる」ということです。手をつなぐ、一緒に遊ぶ、なども「する―される」の両方の役割を両者が担っています。片方が欠けたり、一方的では成り立ちません。こういった関係を相補的といいます。

　さて、この関係の代表が「会話」です。会話では、話し手と聴き手の二つの役割があり、片方が話せば、もう片方は聴くというように役割を交代しながら進めていきます。楽しいおしゃべりというのは、話題の楽しさもありますが、きっとこの役割交代がスムーズで息が合っているのだと思います。

　いつもたくさんのことを話してくれる相手がいるということは、きっとあなたが上手な聴き手だからでしょう。反対に、もし「あんまり話してくれないなあ」とあなたが感じているとしたら、相手は「あんまり聴いてくれないなあ」と感じているかもしれません。あなたとお子さんのおしゃべりはいかがですか。おしゃべりは、人との関係の作り方を身につける練習にもなるのです。

ここがポイント!!

　特別ではないけれど、とりとめのない楽しいおしゃべりというのは、時にいいものです。心に浮かんだままを口にすると心地よい合いの手が入って笑いがこぼれ、日々の疲れをほぐしてくれます。単なるおしゃべりには、自分を大きく良く見せたり、相手をがっかりさせないよう気遣う必要もないので、素の自分を出せるという気楽さがいいのです。

　それが親子の楽しいおしゃべりならば、何気ないやりとりの中にキラッと輝く宝物を見つけられるでしょう。それは日々のささやかながらも着実な子どもの成長の兆しです。以前よりちょっとだけ大人っぽい言い回しをしたわが子の変化に、うれしいような寂しいような気持ちを味わうかもしれません。話したいことを自分の言葉で語れる気負いのないおしゃべりだからこそ、ありのままの姿が現れるのだと思うのです。

　目と目を合わせて真剣に話し合う、そんな親子のやりとりも物事によっては避けることはできません。けれど、緊張した場ではかえってありのままの姿や本音は幾重ものベールに覆い隠されて捉えにくくなってしまうこともあります。＜母「どうしてもっと早くそれを言わなかったの！」、子「言えるものならとっくに話してるよ！」＞こんなやりとりが交わされたとしたら、この親子は楽しいおしゃべりが絶えて久しい関係に陥っているかもしれません。

　分かっているつもりでも、お互いに日々成長し変化しているうちに、思いのズレが積み重なって大きくなってしまったとしたら、もう一度、何気ないとりとめのない楽しいおしゃべりから始めてみるのも一つの手かもしれません。

（伊藤　千裕）

Lesson 5

くっつきたい子

　子どもが泣きながら親に抱きつく光景、よく見かけますね。研究者によると、子どもは不安を感じて気持ちが揺れ動いたりすると、大人と関係を結んで、自分の気持ちを安定させようとします。この行動は、英語でアタッチメント（くっつくこと）と言われ、日本語では「愛着」と訳されています。

　実は、このアタッチメントという行動は、とても大事な役割を果たしているのです。子どもは成長とともにいろいろなことに挑戦し、自分の周りの世界を広げていきます。それはまさに冒険です。しかし、時には思い通りにいかなかったり、失敗もします。その時、大人という安全な基地に帰着して、まず自分を癒やし、新たな旅立ちへのエネルギーを蓄えているのです。安全な基地があるから、冒険ができるのです。

　日本では、英語のアタッチメントを訳すときに「接着」ではなく「愛着」と、「愛」の文字を入れました。そこにどんな気持ちが込められていたのか、思いをめぐらせてみると、お母さんお父さんが子どもを見る目は、少し丸くなるかもしれません。

ここがポイント!!

　「愛着」は心理学で多くの研究がされてきました。昔は幼児のある一時期に形成される母親との関係が強調されていましたが、現在では愛着の対象は、母親に限らず、人生のさまざまな時期に形成され、子どもの心理的な支えになることが分かっています。つまり、人間はいろいろな人と愛着を形成し、それを支えに頑張っていけるのです。

　コラムでは愛着の安全基地の機能が取り上げられていますが、それ以外にも大切な機能をもっています。それは人間関係の節約です。例えば、生後8カ月ごろから始まる「人見知り」で考えてみましょう。「人見知り」は、知らない人に会うと、急に怖がったり、泣いてしまったりするような現象です。親しい人と親しくない人の区別がつくようになったために起きる現象で、身近な人ときちんと愛着が結べていることを意味します。面白いのは「自分と親しい人と親しい人（例えば、おばあちゃん）」に対しては、大丈夫なことがあります。

　子どもは、一人一人の人をじっくり観察して関わり方を決めているというよりも、「自分が親しい人が親しくしているか？」という視点から他人を見て、自らの出方を決めているのです。私たち大人も同じです。例えば、初めて会う人でも、自分の親しい友だちがどのようにその人と関わっているかで、言葉づかいを変えたりします。知らない人でも共通の友人がいれば、少し安心することもあるかもしれません。

　私たちは自分の大切な人を介して、その先にいる人たちとの関係を作っていきます。子どもに人見知りが起きた時、子どもをなだめるよりも、自分が積極的にその他人と関わる姿を見せる方が、有効なのかもしれません。

（加藤　弘通）

Lesson 6

子どもの成長がもたらす周りの変化

　先日、初めてお座りができるようになった子どもと一緒に過ごす機会がありました。まず背筋がシュッとして顔があがり、周りを見回しています。顔つきもなんだかキリッとして、口元が締まり、よだれが止まっています。声がはっきりして前より大きな声に聞こえます。玩具や身の回りの物を顔の前に持ち上げて盛んに見て、舐めて、いじっています。きっと心拍や呼吸も変わっているでしょう。お座り一つがさまざまな作用を持っているのです。

　変化は子どもだけではありません。お母さんは子どもを繰り返し座らせては喜んで、早速、座ったわが子に話しかけます。お兄ちゃんは、対面して座って、これまでとは違った遊びへの誘い方や玩具の見せ方をしています。

　子どもの変化は周囲の者を喜ばせ、関わり方を変えてしまう大きなインパクトを与えます。同時にこの周囲の関わり方が、子どもに新しい体験を提供し、次の発達を促す作用を持っているのです。

　子どもと周りの発達は相互的、お互いに育て合って変わっていくのです。

ここがポイント!!

　教員になったころ、「母業」をテーマにした研修会に参加しました。そこで印象に残った講師の言葉がありました。「お母さんは、生まれながらにお母さんではない。子どもがお母さんをお母さんにしてくれる」。

　これから出会う子どもたちとの日々が私を教員にさせてくれる。そう考えたことで、何もできず苦しかった日々を素直に受け止めることができるようになりました。この言葉は、もう一度私を救ってくれました。文字通り「母」になった時です。職業柄、自分は必ずや良い母になる、ならなければならないという思いに焦り、純粋に子どものかわいさに心を満たしきれない時期がありました。そんな私に対して子どもの表情も硬くなっていました。

　二番目の子どもの子育てで自分が変わっていくのが分かった時、この言葉をふと思い出しました。下の子の何気ない仕草、言葉に上の子どもが一緒になっておどけて笑う、そんな二人に心がくすぐられ、なんとも言いがたい愛しい思いがこみ上げてくるのを感じたのです。

　私が、私らしく「母」になった瞬間でした。学校でも子どもが私を教師にしてくれます。毎日の忙しい生活の中で、未熟な私は苛立ちをぶつけてしまうこともありますが、そんな時は待ちます。自分の中にある「母」の部分を子どもたちが刺激してくれると信じて。

　子どもが子どもらしくあれば、私は母らしくなれる。私が十分に母であれば、子どもは十分に甘えてくる。お互い様の母と子の関係です。無理に自分が親らしく、教師らしくならずに、子どもの前で素直にいればよいのです。そうすれば自ずと子どもが私たち大人を育ててくれるのではないでしょうか。

（夏目　奈保子）

子どもの
育ちを
理解する

Lesson 7

「真似る」は学びのはじまり

　子どもたちはたくさんのことを模倣（真似る）から学びます。言葉も道具の使い方も、真似ることで身についていきます。

　ある時、チンパンジー親子のこんな映像を見たことがあります。木の枝を使って樹木の蜜を口に運ぶ母親。そこに背後から子どもが近づく。その時、自分の手元が子どもに見えるようにすっと身体の向きを変える母親。わが子に見て学ばせようとする母チンパンジーの姿になんとも感動しました。

　人の場合、生まれてからおよそ一年かけて「真似る」力を成長させていくと考えられています。ところで、赤ん坊と向き合うと、私たち大人はつい赤ん坊の表情に合わせて顔をくしゃっとほころばせたり泣き顔をしてみたり、赤ん坊が手を叩くと同じように拍手していることにお気づきでしょうか。

　そして、そんな大人の様子を、赤ん坊はじっと見ています。「私がしたいことが分かるの？」という驚きと喜びに満ちたまなざしを向けてきます。実は、赤ん坊はこうして大人に真似されることで、「真似る」という自分の力を身につけているのです。時には無心になって、赤ん坊の仕草をただただ真似してみるのも、無駄なことではありません。

ここがポイント!!

　あなたの周囲に新生児または生後1～2カ月の乳児がいたら、ぜひ試してほしいことがあります。それは、子どもと目を合わせた状態で「口を大きくあける」ことや「舌を出す」ことです。さまざまな条件が上手く合えば、子どもはあなたの真似をしてくれるかもしれません。

　これは「新生児模倣」と呼ばれる反応であり、左のコラムで扱われている「他者と心を通わせ真似る」こととは別のものと考えられています。しかし、新生児模倣を目にした大人たちは「この子は私の真似をした。心が通じ合った」という気持ちになるでしょう。そして、気がつくと、自分が赤ちゃんの行動を真似しているといった役割交代が発生します。新生児模倣の例に限らず、大人と子どもの遊びは「真似する」と「真似される」の役割が入れ替わり、展開していくことが多いのです。このことは、生後1年間かけて、子どもたちの「真似」の力が育っていくことに大きく影響しています。

　また、私たちの脳には、他人の行為を見るとあたかも自分がしているかのように反応する仕組みがあります。この仕組みは「目で見て学ぶ」ことを助けてくれますが、より重要なことは、見て学んだことを自分の体で表現することです。それは「体で覚える」、そして「相手の気持ちになってみる」ために「真似る」ことがとても重要な役割を果たしているからです。

　携帯電話を操作する、包丁を使いたがる、親の口癖を真似するなど、時に大人にとって「不都合な」行為も真似しようとします。それらもまた子どもたちが心を発達させていく道のりと考えると、少しだけ心のストライクゾーンが広がるかもしれませんね。

（船橋　篤彦）

Lesson 8

「指差し」は魔法の力

　まだ、十分に話し言葉で自分の気持ちを表現することのできない子どもは、例えば「あっち行く！」「あれ何？」というときに、ことばの代わりに指を差します。この「指差し」という行為は、「ことばの前のことば」と表現する研究者がいるほど、子どもの発達において、とても大切な役目を持つと言われています。

　指差しには、大きく分けると二つの働きがあります。一つ目は、大人の体を動かす働きです。例えば「あれをとってほしい」というとき、子どもは指を差し、大人の大きな体を動かしてしまいます。そして、二つ目は共感を求める働きです。例えば窓の外を指差すことで「ねえ、あれを見て！　僕のびっくりした気持ちを分かって！」と大人に要求し、大人の気持ちを動かそうとします。

　こんな風に指差しができるのは人間だけ。ことばを使えるのが人間だけであるのと同様です。1歳を過ぎた子どもは、まるで魔法のように、指一本で大人の体と気持ち（こころ）を動かし、自分の願いを叶えてしまいます。大人も指差しを使うとはいえ、特に赤ちゃんの指差しパワーは強力だと思いませんか。生きていくためには周囲の大人の力が必要な赤ちゃんは、その力を引き出すすごい力の持ち主でもあるのです。

ここがポイント!!

　私たちは日常生活の中で「相手の気持ちを読みとる」「周りの人の表情を見て、自分の行動を決める」「ことばを理解する・話す」などを行っています。社会生活を送る上で重要なこれらの行動は、一見すると全く別のものに見えます。しかし、行動の起源を探っていくと、一つの行動に辿りつきます。それが今回のコラムで取り上げられている「指差し」です。

　子どもたちが指差しを獲得するまでの道のりも丁寧に観察していくと興味深いのですが、ここでは要点だけを取り上げます。子どもの前で指差しをすると、生後6カ月くらいまでは大人の指を見ることが多いのです。これは単純に動いているもの（指）に反応している段階と考えられます。この段階を過ぎると、指差しの先にある物や人を見ることができるようになります。子どもたちは、生活経験を通して「指差しの先には何かある」ことを学びます。同時に「この人は自分に何かを伝えようとしている」というコミュニケーションの基礎的な力も身につけていくようです。

　さて、子どもの指差しが魔法の力を発揮するには、子どもの指差し（こころ）を受け止める大人の存在が不可欠です。子どもは指差しを使えるようになると、一日中でも繰り返し行います。大人からすると「その指差しで何を伝えたいの？」と思えるものが含まれるかもしれません。子どもの気持ちが上手く理解できないことがあっても、それは自然なことです。最も大切なことは、子どもが指差しをしたときに「ちゃんとみてるよ」という無言のメッセージ（うなずきや微笑など）を返すことかもしれませんね。

（船橋　篤彦）

Lesson 9

「凸凹（でこぼこ）」を大切に

　あなたの子にキャッチフレーズを付けるとしたら何でしょう？「かけっこ得意の○子」「虫博士の○介」「お絵描きの○美」…。こんな風に、子どもたちはそれぞれに個性的。みんなの中に入ったとき、その違い（個性）が見つかります。丁寧な言い方をすると「個人間差」と呼びます。「かけっこ」というモノサシで計ったときに現れる凸凹は、もちろん一つの見方にしか過ぎませんし、別のモノサシで計ればまた別の凸凹が見えてきます。

　ところで、みんなの中に入ったときの凸凹とは別に、私たちは自分の中にも凸凹を持っています。これも丁寧には「個人内差」と呼び、得意と不得意、好きと嫌い、興味のあるなしが混在しています。子どもだけでなく、大人も同じです。凸凹はあって当たり前。むしろ「山と川」「大地と海」のように、凸と凹お互いがそれぞれの存在を創っていて、どちらにも価値があるのです。子育てをしていると「うちの子はこんなことができない。周りの子はできているのに…」と、個人間差が気になるときがあります。そんなときは、近くでしっかり個人内差を見てあげる目が必要です。子育てには、そういうまなざしと、少し距離をおいて全体を見渡せる目の、どちらも大切。それが、子どもたちが家庭に加えて、園や学校といった集団で過ごす一つの意義なのです。

ここがポイント!!

　私の趣味はジョギングです。もともとは足は遅く、運動が苦手な子どもでした。でも同年代の人たちが年とともに運動習慣が減っていく中で、いつのまにか立場が逆転していました。

　私は不器用で、字は汚いし、絵や工作は苦手でした。仕事柄、絵や工作ができるといいのですが、不得意なのはどうにもなりません。しかし、「完成したものを買う」「パソコンを駆使する」「得意な人に頼む」など、困らずに済む方法を使い分けてなんとかしています。

　凸凹は誰にでも、何にでもあります。しかし、凸凹そのものは、生活や学習上の困難や障害とイコールではありません。凸凹やそれに伴う不便さや困難は、さまざまなきっかけや方法、支援で変えていくことができるのです。

　運動が苦手だった私が、走りを自負できるようになったのは苦手を克服できたからでしょう。絵や工作は克服することを諦めましたが、仕事柄必要な場面は結構あります。でも、私は解決する方法を知っています。助けてくれる人もいます。できないことや苦手なことがあることが「障害」ではないのです。本人がやりたいと思ったり、こうありたいと考えたりしていることを、できるようにする支援を周囲が用意できなかったり、本人が方法を知らなかったり、使えなかったりすることが「障害」なのです。

　私は近視なので、眼鏡やコンタクトレンズを使っています。遠くを見えるよう努力しなさいと言われたり、眼鏡の使用を制限されたりすることはありません。一人一人の凸凹に応じた多様な支援が用意され、ごく当たり前に使うことができる、そんな社会の実現のために、特別支援教育に取り組んでいきたいですね。　　　　　（清水　笛子）

Lesson 10

「ストレス」の手当て

　人は大きなストレスにさらされると、体、気持ち、考え、行動といったあらゆる面に反応が現れます。2011年3月11日に起こった東日本大震災では、静岡に住んでいる子どもたちも少なからず影響を受けたと思われます。

　直接に大きな被害はなくても、揺れを体験し、頻繁なニュース映像に触れ、大人たちの動揺や不安をそばで感じているはずです。他にも進学や転居、入院や死別、あるいは大人からすると「これが？」と思うような出来事が、子どもにとってはストレスになっていることがあります。ストレス反応は、食欲がない、寝付きが悪い、お腹を痛がる、落ち着かない、ぼーっとしたり過剰に怖がったり、赤ちゃん返りのような幼い振る舞いや「やんちゃ」が目立ったり…と多岐にわたります。

　このストレス反応をおさめていくには、まずは普段通りの食事・入浴・睡眠を心掛けることが大切です。時には抱きしめたり手をつないだり、落ち着いて「一緒にいるよ。見守っているよ」と繰り返し話しかけることも有効です。このような時間の積み重ねが、徐々に子どもの心を安心させ、ストレス反応を緩和してくれます。長く続く場合は専門のクリニックなど相談窓口も利用してみてください。

ここがポイント!!

　「ストレス」という言葉は、誰しも耳にしたことがあり、日常生活の中で使ったことのある言葉だと思います。小学校、中学年以上の子どもたちに「ストレスって何?」と質問すると、「イライラ」とか「お腹が痛くなる」と返ってきます。自分自身の体験や周囲が使っている様子から、そんな気持ちやからだの状態をイメージするようです。

　それらは「ストレス反応」と言われるもので、からだ、気持ち、考え、行動といった面に表れますが、表れ方は実に個性的です。個人差もありますが、一般的に言葉が十分に発達していない年齢の低い子どもは、自分の中の「違和感(ストレスを感じている状態)」を意識したり、言葉や行動で表現したりすることが難しいため、からだの不調として表れることが多いようです。

　ストレス反応は、言葉の通り「反応」ですから、必ずそれを引き起こす原因があります。ストレス反応の原因に共通しているのは、その内容ではなく、「嫌だなぁ」「困ったなぁ」「不安だなぁ」と感じているということ。人間関係、日常のちょっとした出来事、プレッシャー、そして震災のように生活や人生に大きな変化をもたらす出来事がストレスの原因になる可能性があります。中でも「こんなことがストレスになるの?」と思うようなことがあるのは、どんなことを「嫌だなぁ」と感じるかは人によって違うからです。それは、大人も子どもも同じ。

　ストレス反応は、深刻度には差があるものの、今ピンチなのだというサインでもあります。ストレス反応を、上手く表現できない子どものサインとして受け止めてあげることが「手当て」の第一歩になります。そして、大人自身も自分のピンチのサインをちゃんとキャッチして、「自分を手当て」してあげることが大切です。

(吉永　弥生)

Lesson 11

「苦手」がいっぱい？

　『好きこそものの上手なれ』ということわざがあります。好きなことは熱中して繰り返すので、上達するという意味です。子どもたちを見ていると、運動が好きで次々と新しい動きを習得したり、興味あることに物知りになったり、何かを作るのが得意でどんどん工夫したりと、まさにことわざ通りだなと感心します。

　それではこのことわざを逆の意味にしてみましょう。『嫌いなことは上達しない』とでもなるのでしょうか。例えば鉄棒の苦手な子は、他の子ほどには鉄棒で遊びません。パズルが苦手な子も同様です。子どもたちの生活をじっくりと見ていると、苦手なことほどあまりやらないことに気付かされます。

　さて、子どもは日々成長する存在です。成長はさまざまな体験に支えられていますが、苦手なことは体験する機会そのものが少なくなり、当然、上達しにくくなります。私たち大人が援助したいのは"苦手をなくす"ということではなく"体験の機会を作ること"。「苦手だけど手伝ってもらいながらやってみようかな！」と、子どもがチャレンジしたくなる機会をいっぱい用意してあげることではないでしょうか。

ここがポイント!!

　「苦手」があることは、子どもの成育にとって重要だと思います。他人と比べながら自分を客観的に見ることができ、それが自分を育て、他者との関わり方を考える支えになるからです。子どもは「自分が何でもできる」という万能感を持っていますが、苦手や欲求すべてがかなわない経験、葛藤を通して、現実を理解し、折り合いをつけて生きることを学びます。手がかりを見つけた時、支えにもなります。

　同時に大事なのは、苦手なことやうまくいかない経験の一方で、成功体験が確かにあり、得意なことや好きなことが十分発揮される瞬間があることだと思います。苦手なことや失敗を通して学び取れるのは、それ以上に成功体験が多い人だけなのです。苦手や失敗が続くと「どうせボクなんて」とか「頑張りたいけど頑張れない」という思いが生まれます。このことで自己肯定感が低下するそうです。自己肯定感は人にとって大事なことです。いろいろある自分だけれど、なんとか引き受けていこうという肯定的な思いは生きていく土台となります。

　発達障害など成育にさまざまな課題を持つ子どもたちがいます。普通のことを普通にするのが難しく、一見簡単なことでもつまずいてしまう。彼らの失敗をなくし、成功体験と良い記憶をたくさんプレゼントしたい。彼らの中にある「きらめき」を教えてあげたい。苦手なことや失敗をしてもなんとかやっていく手立てを一緒に考えたい。

　苦手や失敗を通して学び取れるための大事な条件がもう一つあります。それは、柔らかく包んでくれる大人の存在です。肯定的で許容してくれる、苦しい思いを共感してくれる、慰めてくれる。こうした関係が困難を支えてくれるのです。

（藁科　知行）

Lesson 12

子どもサイズの「モノサシ」

　親御さんからこんな相談を受けたことがあります。「遊具に並んでいるお友達がいるのに割り込んで困ります」「何度注意しても同じことをします。頭ごなしに叱らないで、なぜダメなのかを説明しているのに…」。いずれも3〜4歳のお子さんでした。

　大切なことを教えようとする親御さんの気持ちはよく分かります。ただ残念ながら、いずれの場合も年齢的に早すぎる内容だったのです。遊具の前のお友達を見て「並んでいる⇒だから僕はその後ろに立つ」と判断できたり、以前注意されたことを気を付けて後の行動に反映できたりするには、あと1〜2年くらい待たなくてはなりません。

　子どもの振る舞いを理解するときに、大人は「自分にとっては当たり前のことだから…」という大人サイズの尺度を使ってしまうことがあります。そうやって高い要求水準を設定してしまうと、大人は「なぜできないの？」、子どもは「私、できない」というようにお互いに苦しい思いが生じてしまいます。まだまだ幼い子どもです。身の丈に合ったモノサシを使って期待を寄せてあげてください。

ここがポイント!!

　「大人の思い通りに動いてくれない」。ちょっと意地悪な言い方ですが、子育ての悩みの多くには、こんな大人側の都合(＝モノサシ)が見え隠れします。このコラムのエピソードが明らかにするのは、そんな大人側のモノサシのように思います。

　では、こんなときはどうすればいいのでしょう。「ただ子どもが分かるようになるのを待つだけ!?」というのも、親としてはなかなか心もとないことだと思います。そんなときは「子どものモノサシってどんなもの?」と考えてみるのもいいのではないでしょうか。

　例えば、割り込んでしまった子どもに「どうしたかったの?」と聞いたら、どんな返答が返ってくるのでしょう。きっと「早くやりたかったの!」という答えが返ってくるのではないでしょうか。決して、友達に意地悪がしたかったわけではないのです。それくらい遊びに夢中になってしまう子どもの姿は、ある意味ステキですね。それが分かれば、「じゃぁ、他のお友達が早くできるように『ガンバレー!』って応援してあげようか」なんて言うこともできます。もしかすると、そんなふうに言うことで、友達との関係が深まることだってあるかもしれません。

　特に4歳前後になると、プライドも育ってくる分、「できない自分」を意識できるようになります。そんな時に目に見える行動の部分だけに焦点を当て、注意するのではなく、目には見えない「キモチ」の部分にも焦点を当てて、そこに声をかけてあげてください。「どうしたかったの?」「そうか、○○したかったんだね。それじゃ、今みたいにするんじゃなくて、こんなふうにしてみたら?」というふうに話を聞いてもらえれば、きっと子どもは小さなプライドを育てながら、うまくやれる方法を身につけていってくれるのではないかと思います。　(加藤　弘通)

Lesson 13

「表現」するチカラ

　「人生楽あれば苦あり」といいますが、まだ長い人生を送っていない子どもたちの日々にも、楽しいこともあれば、悲しいこともあるでしょう。特に悲しいことやつらいことが起こったとき、私たちは二つのやり方でそれらを解消していると考えられます。

　一つは自分で自分を癒やすやり方です。遊びに没頭する、ゆったりした時間を過ごす、身体を動かし発散する。自分に合ったやり方を持つことは大人にとっても大切ですよね。

　そして、もう一つは、他者に癒やしてもらうやり方です。話を聴いてもらう、一緒に何か活動をする、そばに誰かいるだけで心が軽くなることもあります。この他者に癒やしを求める力というのは、生涯にわたって必要となる大事な力です。

　そのためには、まずは自分から気持ちを表現する必要がありますが、子どもたちにとって、悲しさやつらさを言葉で表現するというのはとても難しいことです。あなたのお子さんはいかがですか。言葉にならない気持ちを、甘える素振りやいつもと違う行動で、なんとか表そうとしているのかもしれません。つたない表現とはいえ、他者にくみ取ってもらい、気持ちを癒やしてもらう体験を何回も重ねていくことで、子どもたちは表現する力の芽生えを育んでいます。

ここがポイント!!

　「悔しい」「悲しい」「さみしい」など、ネガティブな気持ちを言葉にして誰かに伝えることは子どもにとって難しいことです。言葉にする前に涙が出たり、誰かの温かさを求めて側に寄ったり、あえて機会を設けなければそれらの気持ちは言語化されることはありません。大人も子どもの様子を見て「悲しかったんだね」「さみしかったんだね」と気持ちを読み取り、代弁して言語化することで積極的に共有しようと働きかけます。大人からの働きかけを通して、子どもは自分の気持ちに共感してくれる温かい存在に安心感を覚えていくのでしょう。

　体育の授業で持久走大会に向けて練習を毎日行っていたとき、練習を終えて教室に戻る児童の中に今にも泣き出しそうな顔をしている子どもがいました。「どうしたの?」「何があったの?」と尋ねてもなかなか答えられずにいたその児童は、その日に新記録が出なかったことを悔しがっていたのです。「悔しい」という言葉を知らない児童にとっては、心の中にあるモヤモヤをどのように人に伝えていいのかが分からず、ただただ歯を食いしばり、涙をこらえるので精一杯だったようです。「そのモヤモヤを『悔しい』って言うんだよ」そう伝えると、その児童は「悔しい…」とぽつりとつぶやき、すっきりしたように涙をぽろぽろとこぼし始めました。

　気持ちを共有して受け止めるだけでなく、子どもにそのときに合った適切な表現の仕方や言葉の使い方を教えていくことも大人の大切な役割です。子どもの気持ちを十分に理解した上で、あえてすぐに受け入れることをせず、伝えようとする機会を設けることが、子どもが自ら「表現」しようとするチカラをさらに伸ばしていくのだと思います。

（島田　直人）

Lesson 14

3.11と子どもたち

　2011年に発生した東日本大震災は、静岡に暮らす子どもたちにも少なからず影響を与えました。今もなお、生活に、そして心の中に消化されない大きな異物があるかのように感じている人もいるでしょう。まだまだ過去の記憶とはいえません。記憶となるスピードは人それぞれですし、被災地は復興の真っただ中です。

　節目にあたって再び多くのマスメディアが取り上げることで、当時の話題や映像にさらされることになります。子どもたちに再び不安や緊張がよみがえるのではないかと心配されます。そんな時には、日々の生活や人とのつながりで感じている安心感や、日々の営みの中で持っている充実感によって、しっかりと子どもたちが守られますようにと願っています。

　同時に、3.11に起きたことに思いを馳せ、考えを巡らせることは私たちにとって大切なことです。悲しみや嘆きは人にとって避けることのできない大事な感情であり、これからを生きる子どもたちにとっても同じです。あの日の「追悼」から得られることもあるのだと信じたいのです。

ここがポイント!!

　大きなショックを受けた出来事の日が近づくと、情景がよみがえってきたり、その時と同じような反応や症状が出てくることがあります。これを「アニバーサリー反応（記念日反応）」と言います。子どもの場合、一人で眠れない、普段よりイライラする、なんとなく落ち着かない、甘えて一緒にいたがるなどの表れが見られる場合があります。

　節目にあたって当時の話題や映像に触れる機会が増えたり、周囲の緊張感を肌で感じたりすることで、被災地でない子どもたちにも、同じ反応が見られることがあります。特に被災地では、このような反応が子どもに（大人にも）表れると予想される節目をどのように迎えたらいいか、子どもと関わる大人たちは気持ちを巡らせます。

　アニバーサリー反応に限らず、子どもが表す心理的な反応について共通して言えることは、大人が落ち着いて受け止めることが子どもに安心感をもたらすということです。未消化なものを少しずつ消化しようとする人間にとって、自然な反応なのです。大人が慌ててしまうと、子どもは反応を出しにくくなります。大切なのは、安心して反応が出せること、そして信頼できる大人と一緒に少しずつ動揺をおさめていけることだと思います。

　記念日反応が起こっている時は、落ち着いてリラックスできる時間を持つといいでしょう。そして、子どもの年齢や状態に応じて、無理のない範囲で、その体験や今の気持ちを「話す」「表現する」ことも、怖かった体験を消化していくお手伝いになります。「追悼」という言葉が使われています。私たちが繰り返し思いを巡らすことで、この出来事が私たちのこころの中に残っていきます。この経験が風化することなく、語り継がれていくことを祈っています。

（吉永　弥生）

Lesson 15

4月を乗り切る

　「移行支援」ということばをご存じでしょうか。いわゆる専門用語です。例えば、障害を持っているなどの理由で新しい環境で生活するのが苦手な人に対して、生活の変化（進学や就職、転居）にスムーズに適応できるように、周囲がサポートすることを指して使います。移行とは、ある状態から次の状態に変わること。移行支援は、その間の橋渡しのようなイメージです。

　さてこの4月、大人に比べて頻繁に大きな移行を求められるのが子どもたちです。園から小学校、小学校から中学校への進学は、子どもにとって想像を超える変化といえるでしょう。進級だけでも、クラスメイトや先生が変わります。たとえクラス替えがなく、そのまま同じメンバーだとしても、学習内容や教室、期待される姿は、それまでと同じではありません。毎年、新しい生活に馴染んでいかなければならないわけですから、子どもは大人より柔軟といっても、さすがに大変です。張り切り過ぎたり、緊張したりと、心身ともに消耗することでしょう。そんなときに、家庭の存在が子どもたちを支えることになります。

　さほど大きな変わりのない家庭という居場所が、子どもにとって大事な休息場となってくれるのです。移行期の4月、外は慌ただしくても家では穏やかでいたいものですね。

ここがポイント!!

　「移行支援」という専門用語が紹介されていますが、私はそれに関わる仕事をしています。そして、時々、物足りなさを感じるときがあります。「移行支援」の会議では、それまで子どもと関わった人とこれから関わる人とが出席し、堅苦しい空気の中、書類を元に情報交換を行います。書類はとても丁寧に、事細かに作成されていますが、そこに子どもの心が見えないのです。本人がいない以上、最終的に「会ってみないと分からないですね」となることがほとんどです。本当はそこに至るまでには、どんなに言葉を駆使しても伝えきれない、それまで関わった人々と子どもたちが築いた「心の関係」が存在すると思います。

　コミュニケーション指導の実践では、言葉という方法を知らない子どもたちに出会うことが多いのですが、そんな時、言葉でない方法で子どもの気持ちに寄り添います。子どもが気持ちを「アーアー」という声で表現しているときには、大人も「アーアーだね」と声を出して共感の意を表します。子どもが手を振れば、大人も手を振ります。言葉にならない「大丈夫、わかっているよ、見ているよ」という気持ちをいっぱい込めるのです。

　呼吸リハビリテーションで有名な先生にこんなことを教わりました。「最後にはお母さんがするトントンが効くんですよ」と。「トントン」とは赤ちゃんの背中をトントンとするお母さんの手のことです。呼吸の苦しい子どもを最終的に救うのは、「うんうん、そうだね、そうだね」と優しく言葉を掛けながら、気持ちを込めた「トントン」だというのです。

　言葉にならない気持ちでいっぱいの4月の子どもたち。「うん、うん、大丈夫。わかっているよ」と受け止めてあげたいですね。

（夏目　奈保子）

Lesson 16

「通うこと」は当たり前なの？

　不登校といわれる子どもたちとお会いすると、我々は、ときには本人も加わって「なぜ(学校や園に)通えないのか？」と理由探しに躍起になることがあります。もちろん理由が見つかって、解決して…となればよいのですが、なかなかすんなりとはことは運びません。むしろ理由は脇に置いといて「どうやったら通えるか？」といった未来志向の話し合いになっていくと、糸口が見つかることがあります。

　このような子どもたちから「なぜ(多くの)みんなは通えるの？」と問いかけられているように感じることがあります。そのとき即答できる答えを皆さんは持っているでしょうか？これはなにも学校などの存在意義を否定しているわけではありません。ただ純粋に「なんで学校に通っていたのだろう？」と自分に問いかけたときに何が思い浮かぶのでしょうか？友達や先生の存在、勉強やクラブが楽しみ、将来に向けて、決まりだから…。きっと多くの理由や思いが出てくるでしょう。そのうちの一つでも子どもたちが今、感じていることと「そうだよね。一緒だね」と共感したいものです。

ここがポイント!!

　文部科学省は不登校を「年間30日以上欠席した者のうち、病気や経済的な理由による者を除いたもの」としており、現在、小学校では約300人に1人、中学校では約35人に1人が不登校の状態にあると言われています。また、登校はしているけれど、教室に入ることができずに相談室や保健室に登校している子どもたちもいます。彼らの中には登校できないことや友達との関係がうまくいかないことなどに悩み、落ち込んでいる子どもたちがいる一方で、学校に通っていないという以外は他の子どもと何も変わらず、明るく、元気な子どもたちもいます。カウンセラーとしてそうした彼らと一緒に過ごしていると「不登校」という言葉でひとくくりにしてしまうことはあまり意味がないように思えます。実際、適応指導教室やフリースクール、通信制の高校など学びの場の選択肢も広がっていて、そういった場所で学び、社会で活躍している方たちも少なくありません。

　しかし、学校に通っていない子どもたちの中には人に会うことに強い不安を感じ、家や自分の部屋に引きこもり、他者との接触を絶っている子どもたちや、どうしてもクラスメイトをはじめとする他者とのコミュニケーションを上手にとることができない子どもたちもいます。こうした子どもたちの背景にはうつ病や発達障害、いじめなどの問題があることが指摘されており、教育的、精神的な支援が必要となります。「学校に通っているか、通っていないか」ということにだけに目を向けるのではなく、「その子がその子らしく、のびのびと生活することができているか」ということに目を向けて、学校に「通うこと」について考えてみる必要があります。

（井出　智博）

Lesson 17

感情のレパートリー

　子どもは立って歩けるようになったり、言葉を使えるようになったりするのと同じように、「感情」も成長とともに育っていきます。その成長の一つが感情のレパートリーを増やすことです。"快""不快"から始まり、やがて楽しさや悲しさを表現できるようになり、次には誇らしさや恥ずかしさを表すことができるようになります。

　"快""不快"は身体的、生理的な感覚に近いもので「お腹空いたよ」「気持ち良いよ」といった自分の身体の声を感情で表します。一方、楽しさや悲しさ、喜び、怒りは自分が今、体験していることを感情的に評価しています。また、誇らしさや恥ずかしさは、他者を意識した感情といえます。つまり「人から見られている」あるいは「見てほしい」という気持ちが背景にあって、社会の中で生活していくことを通して育っていくのです。

　このように感情のレパートリーが増えることは、自分の気持ちを細やかに分けられるようになったという成長の証。子どもたちは日常の生活の中で、日々泣いたり笑ったりしながら、次第にその内面に豊かで繊細な感情を身につけていくものなのです。

ここがポイント!!

　一般的に感情表現の苦手な子は、何か尋ねられると「楽しかった」「うれしかった」という返答が多く、思春期になると親から「今日学校どうだった?」と聞かれると「別に」→「わかんない」→「うざい」という言葉に移行します。言葉の裏には「どう表現していいか分からない」ことと、「やり過ごして」きた経験が多分に見え隠れします。好き・嫌いか、イイ・イヤのどちらかで中間がない感情が未分化の状態であり、小さい子どもによく見られる、感情が育っていない状態ともいえます。

　感情が育っていないと、自分の感情を把握できないため、感情コントロールの制御が身についていません。結果、感情の起伏が激しく、気持ちの温度計(イライラメーター)の変化は中間がなく、高いか、低いか。イラっとすると、瞬間湯沸かし器のように上がります。沸点がとても低いのです。そこで感情の学習が必要になってきます。感情には、さまざまな気持ちを表す言葉があることや段階があることを学んでいくのです。感情の名称の意味を調べたり、感情と表情のイラストをマッチングしたりします。また、日常生活における感情発生の体験について、自分から報告するように教えていきます。怒りを感じたときや緊張したときに体はどのような反応を示すのか、体と感情のつながりを学習することも必要です。こうすることで体の動きによる感情にも気付いていくのです。

　感情、思考、身体反応を理解すれば、怒りや緊張の感情が芽生えたときの代替行動を探ることもできます。感情修復についても学びます。深呼吸や目を閉じて10まで数えるなどは感情修復の一例です。感情について理解が深まれば深まるほど、感情コントロールがうまくできるようになるでしょう。

(國分　聡子)

Lesson 18

ストレスと付き合う

　ストレスという言葉、もとは物理学や工学の用語だと知っていますか？ 物体が外から押しつぶされて歪んだ状態を指しているそうです。それが転じて、今では人の心や身体に対しての外からの力、例えば過剰な仕事なんかもストレスといいますし、負担がかかっているその人の状態もストレスと広い意味で使っています。

　大人でも子どもでも、日々生活していれば、少なからずストレスはかかるものです。学校や仕事、人間関係は当然のこと、冬の朝の寒さだってストレスになります。誰もストレスから逃れることはできません。ではどうするか？ うまくお付き合いして解消しようということになります。子どもたちはどうやって解消しているのでしょう。思い切り遊ぶ、ゴロゴロする、抱っこしてもらう、好きなお菓子を食べる、いろいろなことが連想されますが、ここで共通しているのは身体を気持ちよくしているということです。ストレスはもともと物体の用語です。解消法もまずは身体という物体を快適にしてあげることなのだと思います。

ここがポイント!!

　「ストレスと付き合う」というフレーズをよく使います。ストレスというと「なくす」「解消する」という言葉をつけたくなりますが、生きている限り次から次へと「ストレス」はやってきます。なぜなら、ストレスはある出来事に対して「嫌だなぁ」「困ったなぁ」「不安だなぁ」と感じることからスタートしているからです。子育ても人生も常に新しい局面との遭遇ですから、今までのやり方ではうまくいかないことが出てきます。それこそ生きている証でもあり、子どもにとっても同じことです。

　厄介な相手と付き合うためには「相手を知ること」「相手と向き合う自分を知ること」だと、小学生以上の子どもたちに話すことがあります。心理教育と言われるもので、ストレスについて知り、自分のストレス反応のサインに気付き、自分で対処していけるようになることを目指しています。

　サインに気付いた後の「有効な対処法は？」というと、共通して言えることがいくつかあります。一つ目は、ストレス反応で苦しくなっている気持ちやからだをホッとさせてあげることです。好きなことは気持ちを明るくしてくれます。休息やリラクゼーションは、からだの緊張を緩め、落ち着いた気分をもたらしてくれます。

　二つ目は、人とのつながりを活用することです。子どもも大人も、誰かに話をして気持ちを受け止めてもらえると安心します。自分一人では考えつかないアドバイスをもらえることもあります。

　三つ目は、「がんばること・挑戦すること」です。ストレスの原因に挑戦してみることも対処法の一つなのです。大人も子どもも、気持ちとからだを上手にリラックスさせながら、子育てや自分の人生に挑戦していきたいですね。

（吉永　弥生）

Lesson 19

子どもの心は自然と独立していく

　人の感性って不思議だと思いませんか？ 例えば、友人と同じ場面で同じものを見ても、それぞれの感想は違いますよね。「きれいだね」「かわいいね」「かっこいいね」とまさに十人十色。だからこそ、人はコミュニケーションを通じて新鮮でユニークな体験に触れることができるのです。一方、感性がぴたりと合うとすごく通じ合った感じがして、何ともうれしいものです。

　ところが、感じ方の違いが友人ではなく自分の子どもだった場合、「なぜそう感じてしまうの？」と少し不満に思うことはありませんか？自分とは感性が異なると分かっていても親子だとつい同じに違いないと決めつけてしまいがちです。愛しく身近な存在だからこそ、そう思うのは親として当たり前のことですが、子どもは成長とともにその子なりの感じ方や考え方が自然と育ち、自ら独立していくものです。温かい気持ちで感じ方の違いを認めてあげることこそが、子どもに自信と安心を与えます。こうした経験の積み重ねによって、次第に自分と他人の違いを認め合い、他人を大切にできるようになるのでしょう。

ここがポイント!!

　子どもの苦手なもの・嫌いなもの・苦手なこと・嫌いなことは、お母さんはよくご存知ですね。子どもたちは、いろいろな経験をしながら克服していくのだと思うのですが、克服していく過程が長かったりするとできないことと思い込んでしまいます。母の手を離れ、他人と関わるようになると「え?あれは何だったんだろう。あんなに苦手だったのに?あんなに嫌いだったのに…」。お世話になっている先生方は「子どもは外に出ると頑張ります」とおっしゃいます。

　知的障害のある息子は、就学とともにデイサービスに通うようになりました。初めての場所や食事をするテーブルが座卓だと嫌がって食事をしないと思い込んでいた私は、お試しで行ったときに「食事が食べられないかもしれないのでお昼に迎えに来ます」と言って預けて帰りました。12時半頃迎えに行ってみると「お母さん、おかわり食べているけどどうする? もう少し遊んでいく? 後で迎えにおいでよ」と言われ、息子がしゃべらないのをいいことに苦手なこと・嫌いなことと思い込んでいただけだったことを知りました。母が思い込んでいるとできないことになってしまうようで、学校ではできるのに…デイサービスではできるのに…につながっているように思います。

　子育てをしてきた自分を振り返ってみると、「これが得意だから・これが好きだから」と嫌がることを遠ざけて、好きなものを用意して、できることだけを見て、できないことは避けていたような気がしています。それが子どもの自立を遅らせ、心の独立を邪魔しているのかもしれません。成長発達がノンビリな息子ではありますが、多くの人と関わり、自分なりの世界ができつつある今、出しすぎないよう手を貸して、独立していくのを楽しもうと思っています。　　　　（石原　浩枝）

子育てのコツ Lesson 20

「生活リズム」が育てるもの

　食事やお風呂、就寝などが、一日の中でおおよそ決まった時間に行えることを「生活リズムが整う」といいます。十分な睡眠や食べ物は子どもの身体や脳の働きを助け、健やかな成長に欠かせませんが、リズムが整う効用はそれだけではありません。

　まず、食事・入浴・睡眠の時間が定まることは、先の見通しを持つことにつながります。「もうすぐご飯だな！」「もう寝る時間だ」という、少し先の出来事を予想できるようになります。そして、時間という観念を育てます。例えば、遊びを止めておもちゃを片づけたり、公園から家に帰ったりするのは、どの子どもにとっても難しいのですが、生活リズムが整ってくると「さあ、お家に帰っておやつの時間にしよう」と、切り替えがスムーズになってくるはずです。

　今日もすべてのお家で、子どもたちは「さあご飯よ」「歯磨きして寝なさい」「早くお風呂入って」などと、生活リズムを整えるように"指令"されていることでしょう。子どもはこの指令に対し、自分の気持ちに折り合いをつけて応えていきます。そして、大人から褒められ、称えられ、認められる…。生活リズムを整えるために日々行われる、こうした親子のやりとりの繰り返しは、子どもにとって、ルールを守る気持ちや集団で生活していくという社会性を育む、大事な体験です。

ここがポイント!!

　このコラムで思い浮かぶのは「心身相関」という言葉です。心と身体はつながっていて影響し合い、支え合っています。生活リズムを整えるためにはまずは身体をつくることです。子どもの世界の捉え方は身体的、感覚的なものの理解から抽象認知的な理解に向かいます。豊かな身体づくりは、充実した理解や気持ちのコントロールの土台と言えるものです。

　昔は「身心」と表記したと聞いたことがあります。子どもはまず身体で答えを出すのかもしれません。次の段階では、身体でつくった生活リズムは、気持ちや行動のコントロールのための手立てにもなっていきます。リズムをつくるのは大人の役割です。生活の流れをつくるのはお父さんやお母さん。生活＝家事の運営の側面があります。生活の流れは、ある程度大人のものであってよいと思うのです。ただし、それは大人の思うままに子どもをコントロールするとか、大人の生活時間で過ごすということではないはずです。

　子どもの主体性を大事にすることは、子どもの思うままにさせることではありません。ある時期には、子どもの生活リズムに大人が合わせる必要が出てきますし、成長してきた後はなかなかリズムに乗らない子どもたちと駆け引きをしながら、時にはリズム外れに付き合いながら、うまく乗った日にはよく褒めながら暮らしたいものです。

　「生活」は関係を生み出す土台でもあります。大人と子どもは生活や遊びなどの具体的な共同行為を通して、関係を作っていきます。生活の中で依存を保障され、援助される中で安心感を感じ取ります。一緒に過ごす中で、注意と関心をお互いに向け合い、つながり合う共感が生まれます。日々の生活とは本当に大切なものですね。（藁科　知行）

Lesson 21

普通の時に「褒める」作戦

　集団で生活する私たちの社会には、お互いに安心して安全に暮らすための、ルールや決まりがあります。例えば「赤信号は渡らない」というルールで考えてみましょう。これを本人が自分で気付くまで放っておくのは危険ですから、知っている者(大人)が知らない者(子ども)に、強く教えます。それが「叱る」ということ。社会の中で調和的に暮らすために必要な教育(しつけ)です。

　ところで「叱る」と「怒る」は似ているようで別物です。人間は感情を持っていますから、危ないことをしたわが子に、思わず怒りの感情を覚えることがあります。この感情を子どもにぶつけるのが「怒る」ということ。あまり効果的な教育とはいえません。

　そこで、普通の時に「褒める」作戦をおすすめします。「そんなに毎日褒めるようなことは見つかりません」と思われるでしょう。確かに、最大級に褒めたいことは多くはないかもしれませんが、大丈夫です。例えば「おはよう」と自分から言った、歯を磨いた、仲良く遊んでいる、そんな時に「おっ偉いね！」と褒めてあげます。毎日続けるうちに怒りっぽさはいつのまにか影をひそめていくはずです。

　「叱る」と「褒める」は子育ての必需品。根っこに愛情のある優れた必需品です。自信を持って叱って、そして褒めてください。

ここがポイント!!

　10歳になる息子は、とても発達が遅く現在2歳児くらいに成長したところで、身辺自立もできていませんが、お手伝いが大好きです。とは言うものの、一人で全部できることは少ないので、すべてお膳立てをしてお手伝いをしてもらいます。洗濯物を取り込んでいると大好きなテレビもそっちのけで「ぼくがてつだうよ!」と張り切ってお手伝いをしてくれます。パタパタ畳んでクルクル丸めて渡してくれます。「ありがとう! じょーずだねぇー」と褒めると最後まで手伝ってくれます。後で気付かれないようにすべてやり直すのですが、「助かったよ、ありがとう」と言うと満足げにウンウンとうなずきます。

　しかし、私自身の体調が悪いとき、精神状態が悪くイライラしているとき、疲れているとき、優しく褒めてなんかあげられません。一生懸命手伝おうとする手が邪魔に危険に思い、怒ってしまったことが少なからずあります。いつもと違う母の怒りに、訳が分からずしゃべれない息子は困った顔でウンウンとうなずきます。近くに誰もいない状況ではさらに収拾がつかなくなり、我に返ると自己嫌悪と闘わなくてはなりません。「困ったちゃん行動」からなかなか脱してくれない息子に悩んだ頃、読んだ育児書に「子どもは怒られると怖いだけで何も改善しない」と書いてありました。成長のノンビリな息子との生活では常に心に留めておくように心掛けています。

　子育ては、大変です。疲れます。でも、普通のときに何でもないことを上手に褒めてあげられる気持ちの余裕を維持することで、毎日を楽しく過ごせるのではないかと思っています。

（石原　浩枝）

Lesson 22

「待ち時間」という難関

　子どもが幼いとき、いろいろな場面で生じてくる待ち時間の過ごし方は、保護者にとって難関の一つです。行儀よく並んでいて！とは誰もが抱く願いですが、そう上手くはいかず子どもはゴソゴソと動き出し、大きな声であなたに話しかけてきます。さて、このときに何と声を掛けたものでしょう。「静かにしていて」「うるさくしないの」「じっとしてなさい」といったことが思い浮かぶでしょうか。しかし、これらの声掛け通りに忠実にやっている子どもの様子を想像すると、まるで人形か動かないパントマイムをしているかのようです。極端にいえば「何もするな」と指示されてしまったのです。子どもにとっては、何もしないことほど難しいことはありません。

　子どもはとても強いエネルギーを発揮して行動する存在です。彼らのエネルギーをどこに向けてあげればよいのかを提案できるような声掛けを考えたいものです。例えば「ひそひそ声で話そう」「一緒に本を読もう」「しりとり遊びしよう」といった風に、〈今やること〉を具体的かつ端的に伝えられると、子どももいくらかは行動しやすいかもしれません。それでも長い待ち時間はつらいものですが…。

ここがポイント!!

　私の子どもは人一倍エネルギッシュです。でも、なぜか待ち時間で困った経験はありません。本やおもちゃなど、待ち時間専用のとっておきのグッズを子どもにも自分にもたくさん用意するのが常でした。事前の時間調整を心掛けていることも大きな秘訣だったと思います。

　応用行動分析学に「積極的行動支援」という介入方法があります。不適切な行動が誘発されやすい刺激や環境をあらかじめ操作したり、望ましい行動の代替となる行動や攻略方法を教えたりして、その人が不適切な行動をしなくて済むようにする方法です。

　不適切な行動を修正するには、大変なエネルギーが必要です。注意を受けたり、本人や周囲が不快な思いをしたりした嫌な気持ちは、簡単に修復されるものではありません。それを繰り返していると、自己肯定感が低くなってしまいます。行動の結果を修正する支援よりも、不適切な行動をしなくて済むようにあらかじめ環境や条件を整えておくことが有効だと言われています。支援の良いところは、問題とされる不適切な行動を減らすだけでなく、本人の生活の質（QOL：Quality of Life）を高めることです。

　「〜しないでほしい」と思うときには、その行動をしなくて済むよう、他の行動「○○する」ことを目標にします。その行動は、本人にとってできやすいこと（好き、簡単、楽しい、得意など）であるのはもちろんのこと、周囲にとっても負担がなく、自然な流れの中で、安定してできる望ましい行動であることが大切です。起きてしまった不適切な行動を叱るのは簡単ですが、解決にはなりません。本人や周囲のためにも、より望ましい解決方法を考えることを心掛けたいものです。

（清水　笛子）

Lesson 23

「目」情報と「耳」情報

　人は「見ること」と「聞くこと」によって、周りの情報のほとんどを取り入れているといわれます。他にも触れたり、嗅いだりしますが、獲得する情報量の割合は「見ること」「聞くこと」に比べてさほど大きくありません。

　最近の研究で「見ること」と「聞くこと」の使い方は、人それぞれに特徴があると分かってきました。仮に二人の子どもが同じ場所にいたとしても、二人が同じ情報を取り入れているわけではないようです。一人は何かをじっと見つめ、もう一人は外から聞こえる音に聞き入っているかもしれません。例えば、教室で先生がプリントを手にして「今からこれやるよ」と呼びかけたとき、プリントを見てこれらからやることを判断する子もいれば、先生の言葉から判断する子もいる、というわけです。

　このように、目からの情報が入りやすくて理解しやすいことを「視覚優位」、耳の場合を「聴覚優位」などと呼びます。あなたのお子さんはどちらでしょうか。その子の特徴に合わせた方法で情報を送ることは発信者側の務めだと考えます。何かを伝えたいとき、ひと工夫してみてはいかがでしょう。

ここがポイント!!

　「視覚優位」「聴覚優位」それぞれのお子さんへの発信方法を紹介します。「視覚優位」のお子さんには、「見える化」をキーワードに、言葉だけでなく文字や写真やイラストなどを使った伝え方が効果的です。今すべきこと、自分に要求されていること、振る舞い方や暗黙の了解なども絵や記事にして「見える化」していきます。使うイラストはカラーがいいのかモノクロがいいのか、線画がいいのか、文字や絵をどのように捉え、どのようなタイプが分かりやすいのかを見極める必要があります。提示する情報量もその子に応じたものです。一枚一枚提示し、終わったら取り外して見えなくするタイプがいい子もいます。

　「聴覚優位」のお子さんには、顔を見て話す、表情豊かにジェスチャーを交えて話す、図を見せながら話す、目を閉じさせて話を聞かせるなど、お子さんの理解の仕方はさまざまです。大切なのはそのお子さんがシングル情報の方が理解しやすいのか、マルチ情報の方が理解しやすいのかを見極めることです。

　次にシングル情報の場合、どのような提示の仕方なら理解に至るのかを考えます。マルチ情報の方が効果的な場合は、言葉と文字の組み合わせ、言葉と図の組み合わせが適しているのかを探ります。一度に受信できる量と速度などを探ります。聴覚優位の判断材料や日常生活の中で理解の仕方や思考がどのような捉え方をしているかで支援は異なってきます。

　最近では、絵カードで予定を組み立てられるもの、その場で書いて伝えられるホワイトボードや文章読み上げ機能など、iPadやスマートフォンでさまざまなアプリケーションもバリエーション豊富にそろっています。賢く利用してみてはいかがでしょうか。　　（國分　聡子）

Lesson 24

学びはワタシ式

　最近、子どもの学び方の違いが注目されています。例えば漢字を覚えるには、以前はひたすら繰り返して書くというやり方でした。ところが近頃は、部首やつくりをパズルのように図形化してみたり、「山の石で、岩」などと意味を組み合わせてみたり、書き方を「ヨコ、タテ、シュッ」と音声化してみたり。実にいろいろな学び方が出てきました。

　勉強する場所もそれぞれです。居間が好きな子、個室がいい子、図書館のような場所だと集中しやすいという子もいれば、反対に落ち着かない子もいます。私たち大人は、どのやり方が最も優れているかと考えがちですが、○○式や○○さんの勉強成功談が、すべての子どもにピタリと当てはまるわけではないのです。大事なのは、この子にはどのやり方が合っているのかという視点です。これが学びの支援になります。

　もし、学びに一つだけ共通する法則があるとすれば、学ぶことによってもたらされる、発見の喜び、充実感や達成感、褒められるうれしさなどが、次へのエネルギーになるということではないでしょうか。私の学びはワタシ式。子どもだけでなく、大人でも同じですね。

ここがポイント!!

　「できたよ」「やった」と伝えてくる自信に満ちた子どもの表情ほど心打たれるものはありません。「すごいね」「がんばったね」そう返したときに子どもが浮かべる笑顔は、次の学びにつながるエネルギーで溢れています。

　われわれは学びの課題に対して主体的で積極的な子どもの姿を願います。難しいことでも自分で取り組もうとする姿、自分から考えて行動しようとする姿、それらを引き出すには子どもの「自己肯定感」を育むことが必要です。「自分ならできる」「自分はがんばれる」、自分に対するポジティブな気持ちを高めることで、目の前の課題に対して前向きになったり、より良い自分でありたいと試行錯誤しながら課題をクリアできるようになります。成功体験を積み重ねることで、成功することの喜びを知り、成功する自分に期待感を抱くからこそ、新たな課題にも自ら頑張ろうとすることができるのです。

　繰り上がりのある一桁同士の足し算の学習の中で、ある児童は解からない問題のときに、数字の下に点を書いて数えることで答えを出すことができるようになりました。別の児童は小さい方の数を分解してから先に10のかたまりを作り、『『サクランボ』にすればできる」と意欲的に足し算のプリントに取り組むようになりました。

　学びの自立はすべてを一人でできるようになることが目標ではなく、自分の周りの環境を活用しながら最大限の力を発揮することであると思います。支援ツールといわれる道具や補助具、そして時には大人の援助を受けながらでも成功体験を重ね、「私はこうすればできる」という強い自信を持てるようなワタシ式の学びのスタイルを獲得することで、自己肯定感も高められていくでしょう。　　　　　（島田　直人）

Lesson 25

ゲームとの付き合い方

　子どもがゲームばかりやって困ります、という声をよく聞きます。スーパーやレストラン、時には行楽地でも、ゲームを手放さない子どもを見かけます。テレビや携帯端末などで楽しむ多くのゲームに共通するのは、頑張るほど上達し、成果が上がることです。人は成果が上がると、満足感や心地よさを感じます。それがいわゆる報酬(ご褒美)となっているのです。

　この〈頑張り→報酬〉という結び付きは強烈に人を惹きつけます。特にゲームでは、次から次へと新しいステージやアイテムが登場し、魅力的な報酬が繰り出されてきます。子どもが夢中になるのも無理ないことなのです。まして、子どもは行動をコントロールしたり、変更したりすることが、大人ほど上手ではありません。ゲームを止めるのは至難の業です。

　子どもが自分では止められないゲーム。ここは大人からの働きかけが欲しいところです。周りにはゲーム以外にたくさんの魅力的なことがあるのに、子どもはそれに気付いていないのです。周りの世界への扉を開けるきっかけをいっぱいつくってあげられたらと思います。

ここがポイント!!

　相談センターに寄せられる中で多いのが、ゲームについての相談です。「視力が落ちただけでなく、学力も落ちた」「友達と遊ぶと言ってもそれぞれがゲームをやっている」「親世代の遊びとずいぶん遊び方が違う」など。今流行りのゲームは、大人も夢中になるよう上手に作られています。目からの刺激、勝敗による興奮にわくわくします。負けるときもありますが、攻略する度に味わう達成感に子どもたちは小さな画面の中でほとんど眼を動かさず、刺激を受け続けています。

　魅力あるゲームと上手に付き合うためには、約束を取り決めることが大切です。「交換条件」に応じられるよう導きます。「言うことを聞いてくれない」「あと10分、あと5分と、約束してもなし崩しになる」という親御さんがいます。そんなときに提案するのは好物のメニューでおしまいにさせる方法です。「ゲームはおしまい。一緒にフライドポテトを食べよう」という風に短い言葉で導きます。小学生なら「宿題が終わったら、おかあさんと○○ゲームで対戦しよう」とゲームにも家族との関係性を入れ、楽しみなゲームに向けて宿題に集中して取り組ませます。

　親御さんにしてほしいことは、必ず子どもとの約束を守ることです。「もう宿題できたの？やればできるじゃない。あと1ページ・・・」はご法度です。一緒に遊ぶ約束を守って、ゲームの魅力を子どもと共感しましょう。「お母さんはどうやったら、うまくできるのかなあ」とお子さんに聞いてみたら、お子さんは一生懸命教えてくれるでしょう。説明する力がついたり、人に教えたりすることで、自分はできるぞという気持ちがアップします。ゲームをやることが決して悪いことだけではなくなりますよね。

（池谷　いづみ）

Lesson 26

言葉にならない「ことば」

「ちゃんと口でいいなさい」と子どもに迫ってしまうことってありますよね。自分の気持ちや考えを表明させようとすることは、自分を主張する力を育てることなのかもしれません。

しかし、この主張する力を育てる"土壌"には、「自分の思いを分かってもらった」というさまざまな"肥料"（体験）が必要で、それを通して初めて「自分の気持ちは分かってもらえる、だから頑張って言葉にして伝えてみよう」という気になれるのです。

ある研究によれば、人と人が対面しているとき、言葉よりも表情や口調、しぐさといった言葉以外の要素の方が相手に多く情報を与えているといわれます。つまり、「目は口ほどにものを言う」が証明されているわけです。さらに、私たちは相手の言葉よりも言葉以外の要素の方により影響を受けやすいという研究もあります。私たちのコミュニケーションには言葉以外にも多くの豊かな伝え方があるのです。

子どもたちは、言葉にできなくても"目にいっぱい涙をためて""口をとがらせて""身体を固くこわばらせて"、周囲に思いを示すことで、何かを発信しています。でもうまく言葉にはできないときもあります。そんなときは大人が代わりに言葉に置き換えながら、「分かったよ」とその思いを受け止めてあげたいものです。

ここがポイント!!

　言語表現が苦手なA君が、練習時には喜んで走っていたリレーの本番に参加しませんでした。生活を共にする時間が多い私は、持っている力を発揮できないでいるA君にどう関わっていこうかと模索していました。そんなある日、A君と一緒に走る予定だった'バディ（相棒）'と名付けたペアの女の子と、偶然お昼寝の布団が隣同士になりました。友達との関係づくりが難しいA君にとって、背の順で決めたバディの小さな女の子はいつの間にか大切な存在になっていたようです。「今日は手をつないで寝たら？」と二人の間に座って声を掛けると、うれしそうにお互いが手を差し出し、目を見合わせて笑っています。「今日、一緒に走らなくてごめんねって言おうか？」とA君に言うと、言いたくてもうまく言葉にならないA君を見て、その女の子が私に優しくこう言いました。「大丈夫。今度また走ればいいんだから…」と。その言葉を聞いて、バディの手を握ったまま安心して眠りに入るA君。それを見て笑顔で目を閉じる女の子。

　A君のタイミングでいつか走ってくれればいいという気持ちを忘れていた私には、幼い二人の寝顔はまぶしすぎる姿でした。小さく柔らかな二人の手の上に、年を重ねた私の手を置きながら、私自身が言葉にならない言葉を伝える難しさと、心の柔らかさまで忘れていたことに気付かされました。

　保育の原点は「子どもは必ず育つ」という信念を持ち続けることです。大切なことは子どもたちの「今の心」であることを日々の煩雑さの中で見失いそうになってしまうようではまだまだです。たくさんのことを子どもたちから教わりながら、子どもの心の声を聴くことのできる保育者でありたい！と思った春の出来事でした。　　　　（山根 洋）

Lesson 27

ほどよく情動を整える

　子どもも大人も関係なく、私たちはドキッとしたり、ホッとしたり、カーッとなったり、ボーッとしたり、日々刻々感情が変化します。これを情動といい、今のことだけでなく、過去の記憶や将来の想像によっても変わるため、常に動き続けて大忙しです。これはある意味では心身が正常に働いている状態といえます。物に触れれば質感が、口に含めば味覚がもたらされるように自然な現象なのです。

　さてこの情動ですが、動いた後は、ほどほどのところに戻しておく必要があります。カーッとしっ放しでは、適切な判断や行動ができませんし、のんびり続きではいざというときに次の活動に移れません。ほどほどのところに情動を戻して整えておくことを「情動調整」といいます。

　調整には二つの方法があり、一つは自分自身で行う方法、もう一つは他者を利用する方法です。前者では、一人で好きなことをしたり、ふっとその場を離れたりします。小さい子どもの場合、指しゃぶりなんかがそうです。後者では、子どもは大人に抱っこしてもらったり、話を聞いてもらったりして、気持ちを慰めてもらいます。どちらも大事な方法です。お子さんは両方使えていますか？

ここがポイント!!

　「情動調整」という言葉を最近よく耳にします。その一つに自閉症児の教育アプローチ「SCERTSモデル（サーツモデル）」があります。SCERTSモデルでは、家族の方にこんな質問をしています。子どもが最も楽しかったり面白かったりすることは？ 子どもが最もストレスや退屈さを感じることは？ 子どもが激しく困惑したり動揺したりしたとき、どうやって自分で立ち直りますか？ どうやって他者の助けで立ち直りますか？ あなたはどう反応しますか？ その反応は効果的ですか？…どれも情動についての問いかけです。

　障害の有る無しに関わらず、どの子どもについても知っておきたいことですね。情動が動きやすい活動や状況、そして程々のところに戻して整える方法は、一人一人違って当然です。深呼吸で落ち着く子、大切な人や物が必要な子などさまざまです。調整する方法が分からないこともあります。そんなときには、一人一人の子どもに合った方法を教えてあげることも必要です。教えるタイミングは、情動が喚起されたときがチャンスです。

　一方で、大人が子どもの情動調整を邪魔してしまう場合もあります。一人で調整しようとしている子どもに、あれこれと話しかけてしまう…。私がよくやってしまう失敗です。子どもがどうやって立ち直ろうとしているのか、私たちが反応している方法は子どもに合っているのか、よく見つめる必要があります。

　子どもが程よく情動を整える方法は、大切なお守りになります。大人も子どもに応じたお守りを持っておきたいものです。子どもは、自分の大切なお守りが何かを知ってくれている大人、そしてそれを持っている大人が近くにいるだけでとても安心ですよね。　　　　（若松　唯晃）

Lesson 28

難しくも楽しい遊び

　子どもたちの発達をお手伝いするときに、よく利用させてもらうのが遊びです。もちろん遊びは子どもが主役ですから、利用という表現はふさわしくないかもしれません。子どもの遊びを邪魔しないよう関わりながら、遊びそのものの楽しさや発見の喜び、やりとりのうれしさなどが体験できるようにと導いています。

　「遊びからこういうことを学んでほしい」と頭でねらいを考えながら、一方で遊びながら自然に誘導するのは簡単ではありません。ともすると「これしよう！」「違うよ！」などと口出ししてしまい、せっかくの遊びの雰囲気が壊れてしまいます。

　そこで、親御さんや保育、教育に携わる人にぜひ試してほしいのは「子どもにこうしてほしい」と密かに思い描きながら、まずは10分間だけじっくり遊んでみることです。例えば「身体を大きく動かす爽快感を味わってもらいたい」「一つのことをじっくり取り組んでほしい」「周りとの協力が必要な作品を創ってもらいたい」などねらいは自由です。子どもの心と身体の動きに目を凝らしながら、必要があればすっと加わって一緒に遊びを展開していく。うまくいけばそれで良し、駄目ならまた繰り返せばいいのです。その一つ一つが、子どもと大人を成長させる体験となるはずです。

ここがポイント!!

　ここ数年、子育て相談において「子どもと一緒に遊びたいが、上手く遊べなくて困っている」というご相談を受けることが増えてきました。もちろん、遊べないことの背景にはさまざまな理由がありますが、ポイントは「上手く」という箇所です。子どもと上手く遊ぶとはどういうことでしょうか。

　今回のコラムには、この点について重要な示唆が含まれているように思います。上手く遊ぶという話題を掘り下げていくと、子どもと心が通じ合う・やりとりが成立する・遊びの展開が期待した方向に進むなどの保護者の「願い」が語られます。この「願い」に保護者が気付くことがとても大切です。子どもの遊び場面を観察していると、大人の心にはさまざまな思いが生じてきます。時にはそれが「これをやりなさい」や「それはやめなさい」といった指示や制止につながることもあり、その数が増えてくると保護者も上手くいかない感じを抱くようです。そこで、一つだけ「こんな風になるといいなぁ」という自身の思いを述べてもらい、子どもと遊んでもらうようにしています。子どもとの遊びにおいて大人が「願い」を持って関わると、それは「ねらい」になるということを理解してもらうための方法です。

　少し話題は変わりますが、昨今の教育現場では何事においても計画書作りが求められる傾向にあります。ねらいを整理して効率よく物事を進めること、さらには計画が順調に進んでいるかを評価することも求められています。しかし、どんなに優れた計画書であっても当事者の思いや願いからかけ離れたものでは意味がありません。遠く離れた一番星や七夕だけでなく、日々、子どもの成長へのささやかな「願い」を口にするようにしてみませんか。

(船橋　篤彦)

Lesson 29

ひとり立ちを支える

　身体不自由の子どものリハビリをしていると、ちょうどひとりで座れたり、立ったりする時期に遭遇することがあります。その際、体を支える側がいつも迷うのは「いつ手を離そうか」というタイミング。必要以上に支え続けてしまうと、ひとりで立つ感覚がいつまでもつかめないのです。もちろん、言葉だけで「さあ、やってみて」と突き放すわけにはいきません。動かし方やバランスの取り方などを手取り足取り教えながら、少しずつ支えを少なくして、あるところでスッと手を離します。これは支える側にとって緊張する瞬間で「倒れてしまうのでは？」と逆に心配になり、思わずまた手を差しのべてしまうこともあります。すると、さらにバランスを崩してしまい、逆効果になるという悪循環にも陥ったりします。

　このやりとりで大切なのは、子どもに「もう君は大丈夫だよ。自分だけで頑張ってごらん」と言葉その他で伝えられる信頼関係と支える側の勇気。これってあらゆる親子関係とよく似ていると思いませんか？

ここがポイント!!

　ひとり立ちのコラムを読んで、思い浮かべるのは自転車の練習風景です。補助輪なしの自転車は、最初は大人の支えがなければ乗れません。でも、いつまでも大人が支えていたら、いつまでたっても子どもは自分で乗れるようにはなりません。

　時々、子どもと親で息を合わせて、「親：手を離しても大丈夫？」、「子：うん」、「親：じゃぁ、離すよ、さぁ！」と一生懸命タイミングを計って、押し出すにも関わらず、うまくいかない風景を目にします。こういう姿を見ていて思うのは、お互いがお互いを意識しすぎているうちは、事はうまく運ばないのかな、ということです。

　結局、うまくいくときというのは、親が知らないうちにそっと手を離していて、子どもはそれに気付かずに、後ろで親が持っていてくれていると思いつつ、いつの間にか乗れるようになっている、そんな感じではないでしょうか。

　ここには子どものひとり立ちを考える上で、重要なことがあるように思います。それは、子どものひとり立ちをうながす時、私たちは文字どおり「背中を押す」といった言葉で象徴されるように、押し出すイメージを持ちがちです。しかし、実はコラムのように、すっと大人の側が手を引っ込めることで、子どものひとり立ちがうながされることのほうが多いのかもしれません。子ども側では支えられていると思いつつも、実は大人の側では徐々に手を引いている。子どもと大人の気持ちが一致するところというより、こういう非対称な関係性の中で、子どもの自立は果たされていくのだろうと思います。

（加藤　弘通）

Lesson 30

子どもの権利

　このコラムでは子育てをテーマにして、子どもが見せるさまざまな姿の理解や接し方などについて、みなさんに役に立つことを提供できればと書いてきました。とはいえ、子育てに特定のおすすめ方法があると考えているわけではなく、むしろ親子それぞれの個性を大事にしていくことを勧めてきたつもりです。親にも子にも個性があるのですから、その組み合わせが繰り広げる日々の子育てとは、本当に自由な営みといえます。

　では、子育て支援や相談活動とは全く指針のないやみくもな仕事かといえば、そうではありません。確かに個々の事情や実態に合わせるという側面はありますが、やはり譲れない側面はあります。それは「子どもの権利」ということです。子どもにどんな環境を用意するのか、どう接していくのか、何を学ばせるのか、選択肢は多く、判断に迷うことは少なくありませんが、そのようなときの拠り所となるのは「子どもの権利に叶うか否か」です。特に〈安全・安心な生活の場を持つこと〉と〈自分に適した教育を受けること〉は優先されるべきことだと考えています。これからも何より子どもの権利を守ることについて考えていきたいと思います。

ここがポイント!!

　近年、児童虐待の問題がクローズアップされています。虐待という経験は子どもたちの心に大きな傷（トラウマ）を残し、心身の健康な育ちを阻害する出来事になってしまいます。虐待は英語でabuseと表記しますが、これはab（離れた）とuse（使用）が組み合わさってできたことばで、「乱用」（普通からかけ離れた使用）という意味を持ちます。つまり、児童虐待とは子どもや子どもが持つ権利を乱用する、不適切に使用する、ということを示しているのです。例えば、自分の感情を発散するために暴力を振るえば身体的虐待、暴言を与えれば心理的虐待、性的な欲求を発散するために子どもを乱用すれば性的虐待と言えます。また、自分の欲求を満たすために、保障されるべき子どもの権利を侵害すればネグレクト（養育放棄）と言えます。

　1994年、日本はUNICEFの子どもの権利条約を批准しました。子どもの権利条約には守られるべき子どもたちの権利が明示されています（内容はUNICEFのホームページから見ることができます）。子どもの権利条約を批准する際、UNICEFは日本には子どもの権利が守られていない問題が存在するとして、児童虐待のほか、学校での体罰や子どもの自殺、競争的な教育、児童ポルノなどについて改善が必要だという指摘をしています。私たちの周りには、まだまだ十分に子どもたちの権利が守られているとは言えない状況があります。児童虐待の問題に限らず、子どもの権利という視点から子どもたちの育ちと暮らしの"質"を捉え直してみることは、子どもたちが心身ともに健やかに育っていく社会を作っていく上でとても大切なことです。

（井出　智博）

「ここがポイント」執筆者

池谷　いづみ　　藤枝市子ども家庭相談センター主管兼発達支援係長
石原　浩枝　　　特別支援学校小学部4年大暉の母
井出　智博　　　静岡大学教育学部准教授
伊藤　千裕　　　私立幼稚園・中学・高校カウンセラー
加藤　弘通　　　北海道大学准教授
國分　聡子　　　静岡県立富士特別支援学校富士宮分校教員
島田　直人　　　静岡市立葵小学校教員
清水　笛子　　　静岡県立東部特別支援学校教員
夏目　奈保子　　静岡県立袋井特別支援学校教員
船橋　篤彦　　　愛知教育大学教育学部准教授
山根　洋　　　　静岡市公立保育園保育士
吉永　弥生　　　岩手県スクールカウンセラー
若松　唯晃　　　静岡大学教育学部附属特別支援学校教員
藁科　知行　　　駿遠学園管理組合主任児童指導員

香野 毅 こうの たけし

1970年　佐賀県武雄市生まれ

経歴
1993年九州大学教育学部卒業後、同大学院に進学
1998年大学院博士後期課程退学
同年より九州大学大学院附属発達臨床心理センター主任
2000年より静岡大学教育学部講師となり静岡に移住
2002年より同助教授を経て、
現在、静岡大学教育学部特別支援教育専攻准教授

主な活動
公立保育園の巡回相談
小学校等の相談活動
特別支援学校の研究・研修助言
障害児者の療育活動
小中学校特別支援教育コーディネーター研修
教育委員会特別支援教育関連委員
児童養護施設事例検討会パートナー
動作法研修会、月例会スーパーバイザーなど

資格
臨床心理士、日本リハビリテイション心理学会スーパーバイザー

表紙イラスト

松木 風太　まつき ふうた

profile
1991年静岡市生まれ
静岡県立中央特別支援学校卒
国民文化祭奨励賞ほか受賞多数
現在も新作を鋭意制作中

KIDSこころの救急箱
気づけば大人も育ってる

平成25年9月20日　初版発行

著　者　　　香野　毅

発行者　　　大石　剛

発行所　　　静岡新聞社

　　　　　　〒422-8033　静岡市駿河区登呂3-1-1

　　　　　　電話：054-284-1666

印刷・製本　図書印刷

ISBN 978-4-7838-2242-4 C0011
©Takeshi Kouno 2013 Printed in Japan
定価はカバーに表示してあります
乱丁・落丁本はお取替えします